アドルノ

アドルノ

●人と思想

小牧　治　著

148

CenturyBooks　清水書院

はしがき――アドルノの思い出

清水書院から、この書を書くよう依頼をうけたのは、いったいいつのことであったろうか。アドルノの先輩であり、ともにフランクフルト大学に学び、ともに同じ道（社会哲学）を歩んだばかりか、社会研究所にともに関与し、アメリカ亡命をともにし、いわゆるフランクフルト学派の双璧《そうへき》としてナチズムの吹き荒れるなか批判理論を展開した文字どおり同志、ホルクハイマーの人と思想（『ホルクハイマー』）が、幸い世に出たにもかかわらず、アドルノの人と思想の方は五里霧中の状態であった。アドルノの音楽に関するものとか、批判に関するものとかの訳は、つぎつぎに世に出た。ホルクハイマーとの共著『啓蒙《けいもう》の弁証法』の訳もできあがった。が、いずれもまさに難解で、アドルノ自身のいうごとく「要約不可能」にさえ思われる彼の思想をまとめあげることは、無能不才のわたしには、絶望とさえ思われた。こうして、霧のなかをあちこちさ迷いながら、多くの人（とくに翻訳をした人たち）に助けられて、ともかく霧のなかをでることができた。「できた」というよりは、止《や》むなくさ迷うのをうちきったという方があたっているであろう。

そのアドルノとは、いまを去る三十数年前、マイン河畔のフランクフルト大学でお目にかかることになった。一九六二年一〇月、日本政府からドイツ留学を命ぜられたわたしは、フランクフルト大学の外国人係で、聴講の相談をした。係長は、ホルクハイマーの講義を聴くようすすめた。思うに係長は、この男の聴取力では、アドルノの講義はとても無理で、ホルクハイマーなら少しは分かるかと考えたらしい。が、日本でその名を知っていた哲学や経済学の助手を訪ねたところ、いずれも、アドルノの講義を聴くようすすめるのだった。あとで分かったことだが、当時ホルクハイマーは、すでに定年退職し、ルガノ湖畔に転住していたようである。が、ドイツでよくあるごとく、委託をうけて、アドルノと並んで講義やゼミを担当していた。で、アドルノの講義とともにホルクハイマーの講義にも、またホルクハイマー、アドルノが共同で担当していたカントのゼミにも出席した。

「二人の話しぶりは対照的であった。〔学長までした〕ホルクハイマーは、いかにも好々爺《こうこうや》らしく、やや前かがみになって、ジェスチャーを交えながら講義をしていくのに対し、アドルノは直立不動で、眼光するどく、前方をにらむようにしてまくしたて、いかにも不屈の理論的闘士を思わせるものがあった。アドルノが同僚に恐れられたのに対し、ホルクハイマーが親しまれたのも、両者それぞれのこういう風貌《ふうぼう》によるところも無きにしもあらずであろう」(『ホルクハイマー——人と思想』より)。

が、それにしても、アドルノの講義は、難しかった。わたしの聴取力をもってしては、どうにもならぬものであった。ゼミにも顔を出して、アドルノとホルクハイマーの論議、それを取り巻く助手や、研究生や学生らのやりとりを、聴くというよりは眺めていた。二人の教授が共同でゼミをやって議論しあうことなどは、日本では見られぬ光景であった。

ゼミのときであったか、後方の隅で小さくなっていたわたしにアドルノ教授がなにか指示をした。なんのことか分からずおずおずしていると、隣りの学生が気をきかして、ことをすましてくれた。隣りの部屋から辞書をもってきてくれ、とのことであった。恥ずかしい思いをしたのであった。

勉強のことで、こうしたわたしを助けてくれたのは、ベルリンから来ていたマルティン＝プダー君である。親日家の彼は、かつて休暇を利用して日本にも来たほどの親日家であった。アドルノの講義のとき、いつもわたしの隣りに席をとるのであったが、講義が終わると、わたしをメンザ（学生食堂）へ連れていき、「今日の講義は分かったか」と聞いてくれるのであった。「大体」と答えると、「言ってみろ」とくる。「かくかく……」と答えると、「違う違う（nein）逆だ（umgekehrt）」と、それからゆっくりしたドイツ語で、ていねいに、その日の講義内容を、わたしのノートに書いて説明してくれるのだった。ほんとに親切な家庭教師だった。それによってアドルノの思想内容のアウトラインを察したのであった。その後彼とは音信不通になってしまったが、いま、どこにどうしているかしら？

夏学期のゼミが終わると、少し離れたレストランでアドルノを囲み、コーヒーを飲みながら談笑しあった。プダー君に連れていってもらい、教場ではみられぬアドルノのなごやかな姿に接したのだった。

帰国が近くなった冬の日、プダー君に案内されて、社会研究所――かねがね外から何回も眺めたのであったが——にアドルノを訪ね、別れの挨拶《あいさつ》をすることにした。プダー君のすすめで、彼が印刷してくれたわたしの業績表を持って。が、訪問日の訪問は予約制で、当分は満員とのこと。それを、帰国が迫っているわたしのためプダー君が受付の彼女とかけあって、わずかな時間ではあったが、アドルノと会わせてくれた。一階の奥まった部屋だった。講義が難しかったこと、プダー君のこと、日本に帰ったら先生の思想を紹介したいことなどを、会話は英語でもいいというアドルノの好意をしりぞけて、たどたどしいドイツ語で話した。お土産の日本人形を、にこにこして受けとってくれた。プダー君が立派な学生であると褒《ほ》めてくれたのは、嬉《うれ》しいことだった（間もなくプダー君は、アドルノからたしかカント研究で学位を受ける）。これがアドルノとの永久の別れとなったのだが、後日（後述するごとく）上半身ヌードの女子学生に教壇を占拠されることになるなど、夢想だにしえぬことであった。日本のあるアドルノ研究者は、この事件後のアドルノの死を憤死《ふんし》とさえよんでいるが、愛する学生からのこうした仕打ちに、彼は苦悩したことであろう。それを思うと、あの壮健そのもののように思えた理論的闘士アドルノのあの姿が、悲しく思いだされるのである。

目次

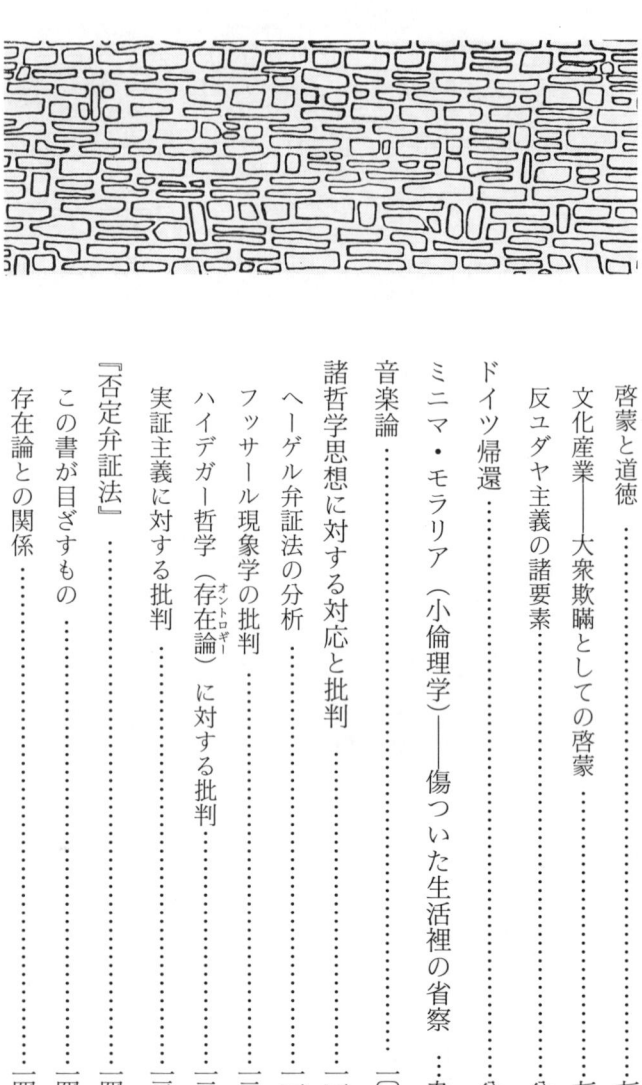

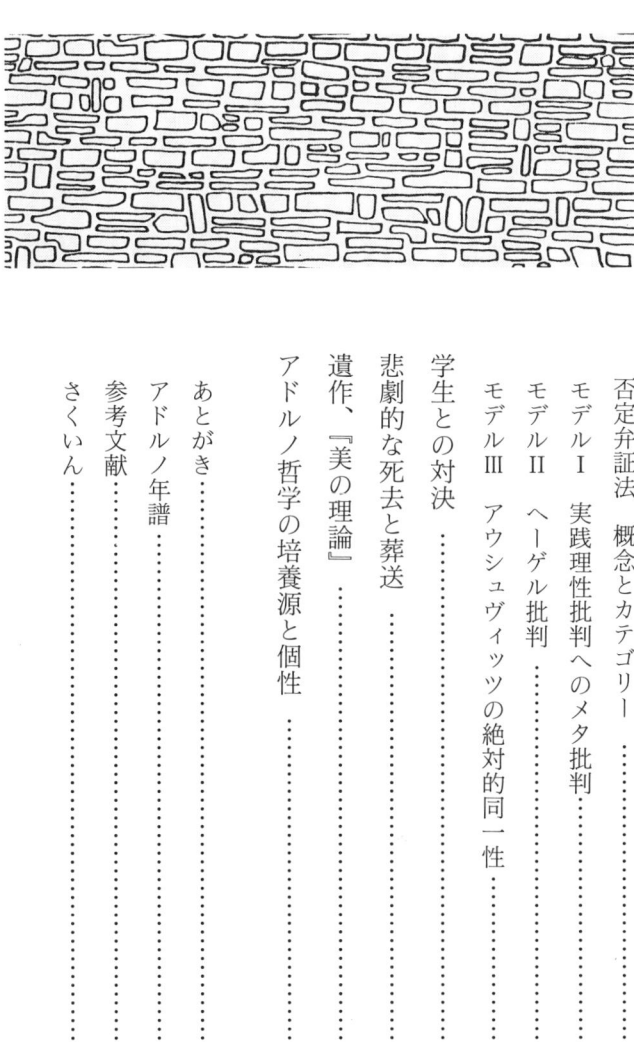

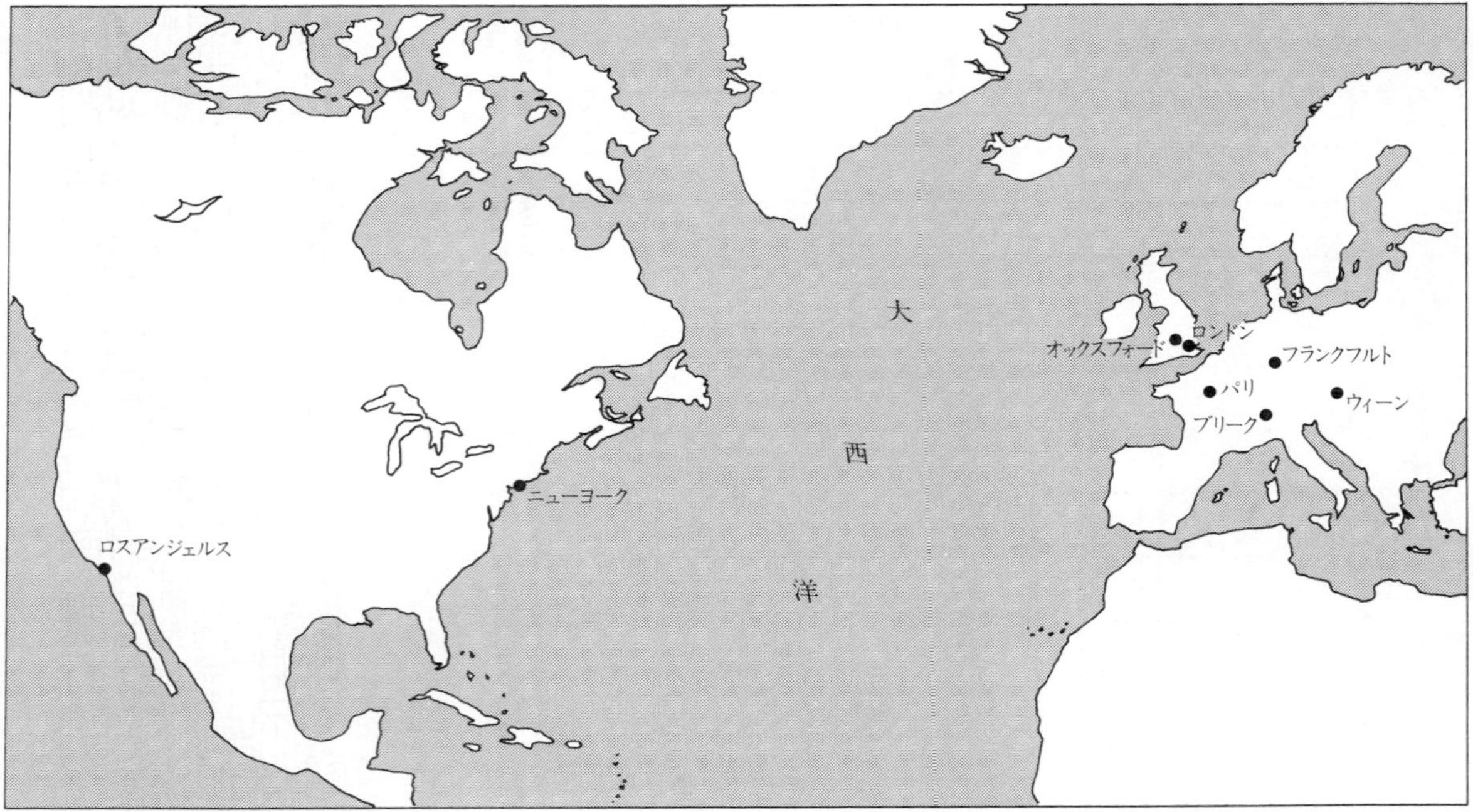

アドルノ関係地図

音楽的な家庭環境

幸福な幼少時代

テオドール＝ルートヴィヒ＝ヴィーゼングルント＝アドルノ（Theodor Ludwig Wiesengrund Adorno）は、一九〇三年九月一一日、マイン河畔のフランクフルトで、商人の子として生まれた。

父は、同化したユダヤ系ドイツ人のオスカー＝アレクサンダー＝ヴィーゼングルント、富裕なワイン商人であった。

母は、コルシカ人で、カトリック教徒のマリア＝カルヴェッリ、旧姓をアドルノといい、歌手であった。この母方の祖父は、コルシカ出身のフランス将校で、もとはイタリアのジェノバ系で、テオドールのアドルノというイタリア風の姓は、それにもとづいている。母方の祖母は、やはりドイツの歌手であった。母の妹で未婚のアガーテもピアニストで、有名な歌手アデリーナ＝パッティの伴奏者であった。

まさにテオドールは、経済的にも文化的にもめぐまれた上流ブルジョワ階級の家庭に生をうけたのであった。彼の友人であり同志でもあったヴァルター＝ベンヤミンやマックス＝ホルクハイマーの父――いずれも裕福なユダヤ系商人――が、息子の発達に直接影響を及ぼしたのとは異なって、テオドールの父は、表面に出てあまり子供に干渉することはなく、テオドールの生活において、何の役割も演じはしなかった。ドイツ市民文化への結びつきという同化的ユダヤ主義の目標を、息子のため家庭において達成したことに満足していたようである。したがって、父の権威に対する反抗も、テオドールには不必要であった。問題は、彼がユダヤ系市民の出であるということだが、若きテオドールには、ユダヤ的な動きや活動は、痕跡《こんせき》を残すことなく過ぎ去ったようである。ユダヤ主義に関して議論するモチーフもまた、彼には存在しなかった。あるレストランとかホテルとかクラブに行くことをユダヤ人に不可能ならしめるような一種の反ユダヤ主義は、フランクフルトにおいては、まだ知られてはいなかった。

母三七歳のときに生まれたひとり息子としてのテオドールに対する母の愛情は、それこそなみなみならぬもので、彼は「テディ」とよばれてかわいがられた。まさにテオドールの幼少時代は、反抗やきびしさや生活苦を知らぬ幸福そのものであった。

早熟の音楽家

が、テオドールの生活にとってなんといっても特徴的なことは、この音楽的な家庭環境である。祖母、母とつづいて歌手であったことから、テオドールは音楽や芸術に関し、すぐれた天分を与えられた。また母と叔母から、いわば二人の母から音楽への感応力を植えつけられた。彼女たちの励ましで幼少からピアノを習い、早くからベルンハルト＝ゼークレスについて作曲を勉強した。アドルノの回想によれば、彼は、普通に音楽学校で学ぶようなことを、すでにこのゼークレスのもとでの個人教授によって習得してしまったのであった（アドルノ著、平野嘉彦訳『アルバン・ベルク――極微なる移行の巨匠』）。また彼じしん書いているごとく（三光長治・川村二郎訳『楽興の時』）、幼少のころからオペラに親しんだ。まさに早熟の音楽家、アドルノであった。のちほど、音楽に関してすぐれた論を展開するにいたったのは、また彼の哲学が芸術的・音楽的な感覚をおびているのは、この幼少からの天分や環境や体験によることが大きかったといえよう。しかしユダヤ系市民の出であるこの少年は、彼の天分が豊かであればあるほど、やがて、精神的な孤独・苦悩に見まわれねばならなかった。そしてついには、ペシミズムに追いやられることにもなるのである。

少年時代のアドルノ

早くもカント哲学の勉強

早熟で、すぐれた音楽的才能のテディ＝ヴィーゼングルントにとって、フォルクスシューレ（国民学校）が、なんの困難もなく、平易なものであったことは申すまでもない。フォルクスシューレに三年間のみ行って（ふつうは四年間）、フランクフルト、ザクセンハウゼンのカ

歌手の母、ピアニストの叔母とともに

イザー・ヴィルヘルム・ギムナジウム（九年制の中等・高等学校）へ入学する。

ギムナジウム在学中、一五歳のとき、彼よりも一四歳年長であったジークフリート＝クラカウアー（一八八九〜一九六六）から、ドイツ古典哲学の手ほどきを受けた。二人は週に一度（毎土曜の午後）カントの『純粋理性批判』の勉強をはじめた。クラカウアーは、こんにちなお読む価値のある『カリガリからヒトラーへ』の著者である社会学者で、アドルノとは家族ぐるみの友人であった。このカントの『純粋理性批判』の勉強は、「正式の大学教育で受けたものよりもずっと価値があった」とアドルノは回想している。この勉強からうけた「閉鎖的な体系に対する批判とか、普遍的なものに対する特殊的なものの強調」とかは、アドルノに強い影響を与えた。またアドルノは、クラカウアーから、「哲学的文献を歴史的・社会的真実の記録として解読すること」とか、映画のような文化現象についての革新的で反観念論的な哲学的・社会学的省察とかを学んだ（マーティン＝ジェイ著、木田元・村岡晋一訳『アドルノ』、荒川幾男訳『弁証法的想像力』参照）。たしかにアドルノ哲学には、体系的なものとか普遍的全体的なものへのきびしい批判、個別的・特殊的なものへの関心と強調、思想の社会的・歴史的な考察がみられるのである。

クラカウアーは、のちほどドイツ映画史を通じてナチズムを批判するのであるが、映画のような文化現象に関してのクラカウアーの革新的な考察は、またアドルノに深い影響を与えたのであった。

ファシズムの予感

ギムナジウムも秀才アドルノにとってはきわめて平易な課程で、ウンタープリマ（第八学年）をとびこすほどであった。その結果、一九二一年の春、数学のみが可であったほか、すべてにおいて最優秀で、口頭試験免除という形でギムナジウム卒業試験（アビトゥーア）をおえるのである。それにもかかわらず、二人の母の配慮になれ親しんだアドルノにとって、ギムナジウムは、時おり重荷の社会的制度として感ぜられたのである。のちほど、傷ついた生活裡《り》の省察としての『ミニマ・モラリア』（小倫理学）での「意地の悪い学友」という少年時代の思い出によれば、アドルノはすでに少年時代、ファシズムの到来を予期していたのである。かれは、意地の悪い学友たちにおいて、ヒトラーの第三帝国の先鋒《せんぽう》隊ともいうべきものを身近に感じとっていた。「どんな幸福もいつ取り上げられるか分からない一時の借り物」と見なすようになっていた。「恒常的な破局を呼ぶさまざまの誘因」が、かれの身辺を脅かしていたのである。したがって、のちほどヒトラーが天下を取ってからの時代相は、その端々にいたるまで、アドルノにとっては、とくに目新しいものではなかったのである。ファシズムの現実は、アドルノの少年時

クラカウアー

代の悪夢が正夢となったにすぎなかった。少年時代の意地の悪い学友たちは、第三帝国の愛国者の前ぶれと感ぜられた（三光長治訳『ミニマ・モラリア』）。

ともかくもアドルノは、幼少から音楽的な関心と教養を育《はぐく》まれながら、他方、ギムナジウムにおいて、クラカウアーの導きによって、知的哲学的な問題へ心をひかれるのである。そしてそのいずれかの方向へ固定することはなく、いずれかの道を決定的に選択はしなかった。ここに、芸術と哲学とを相互に媒介するという姿勢の基礎が固められていったのである。

音楽と哲学

ホルクハイマーらとの出会い

一九二一年、ギムナジウムを卒業した一八歳のアドルノは、フランクフルト大学に入学する。一九一四年に設立され、のちほどこの町が生んだ大文豪ゲーテにちなんで「ヨハン・ヴォルフガング・ゲーテ大学」の名をもつことになるこの大学は、教会とか国家とかのイニシアティブに由来しない最初のドイツの大学として、市民によって設立され、市民的自由の精神をモットーとする進歩的な大学であった。そこでアドルノは、哲学、社会学、心理学、音楽の各課程を修得する。クラカウアーを通じ、後ほど社会研究所の同志として生涯にわたる友人となるレオ＝レーヴェンタールと知己になる。一九〇〇年、フランクフルト生まれのレーヴェンタールは、やはりユダヤ人である医師の息子で、ユダヤ知識人のグループとも結びつきのある、急進的学生であった。

が、なんとしても注目すべき重要事は、主任ハンス＝コルネリウス教授のエドムント＝フッサールに関するゼミナールで、マックス＝ホルクハイマーと知りあったことである。アドルノより八歳

ホルクハイマー

年長のホルクハイマーは、一八九五年、南ドイツのシュツットガルトで、富裕なユダヤ系ドイツ人の織物製造業者の家庭で生まれた。父の商売の見習い修業などのため遅れてフランクフルト大学に入ってきた彼は、不正や偽善や独善に打ちかち、困っている人を助けようとする自由主義的ヒューマン的な社会主義にひかれ、晩年フランクフルトに住んだ箴言《しんげん》的哲学者ショーペンハウアーに共感をよせていた。美的関心をもち、心理学、とりわけゲシュタルト心理学や精神分析に心をよせていた。こうした点を共有するアドルノとは、いわば馬が合い、生涯にわたる二人の同志的友情が芽生えるのである。

ベンヤミンとの出会いと彼の影響

さらにアドルノは、一九二三年、フランクフルト大学で教授資格をとろうとしてフランクフルトに滞在していたヴァルター＝ベンヤミン（一八九二～一九四〇）と知りあう。ベンヤミンは、裕福なユダヤ系商人（美術骨董《こっとう》商人）の子としてベルリンに生まれ、ベルリン、フライブルク、ミュンヘンの各大学で哲学を学び、文芸上の逸材として、早くから文芸評論的な論説や翻訳に従事していた。やがて、ホルクハイマーやアドルノと交友関係をもち、二〇年代の末から三〇年代にかけ、大学に付設される後述の社会研究所に接触して活躍することになる。

ベンヤミンとの「出会い」を、アドルノは後ほどこう描いている〔大久保健治訳『ヴァルター・ベンヤミン』のなかの「ベンヤミンとの出会い」〕。「ベンヤミンと知り合いになったときのわたしの印象は非常に深いものであった」。「ベンヤミンは真に汲《く》み尽くされることがない、おのれ自身のうちからおのれを更新する創造性の持主であった。たとえ一見してごく浅薄で、とるに足りないような物事について語っても、彼と語ると彼の触れるものすべてが、この創造性によってつねに変えられ捉《とら》えられた」。「そもそもの初めからわたしはベンヤミンから、最高のものともっとも偉大なものとを期待していた」。「具体的で同時に超越的な哲学のことである。それをやり抜くベンヤミンの力をわたしは決して疑わなかった」。「一九四〇年秋、ニューヨークで彼の死を告げるニュースを受け取ったが〔フランスからアメリカへ亡命しようとして、フランス、スペイン国境で服毒自殺〕、その時のわたしの感情は、事実また文字通り次のようなものであった。この死が一個の巨大な作品の完成を断ち切り、哲学がそもそも期待することができた最良の部分が、それによって哲学から奪われてしまったのだ。彼の作品のうちで現存するものと、その可能性に比べるなら単に一断片に留まっているものとを整理し、このような潜在的可能性についての予感がふたたび喚起されること、それを目指して微力ながら持てるすべてを投入することを、わたしはその時以来きわめて本質的な使命と見做《みな》してきたのである」。

ベンヤミン

この思い出は、アドルノに与えたベンヤミンの影響の大きさを、もの語っているであろう。とりわけ、ベンヤミンの『ドイツ悲劇の根源』(一九二八)からは、強い影響をうけた。

コルネリウスの新カント主義からフッサールの現象学へ　ホルクハイマーが、ハンス゠コルネリウスのもとで学位を取って二年後(一九二四)、アドルノは早くも二一歳で哲学の学位を取得した。「フッサールの現象学における事物的・ノエマ的なるものの超越」というのが、その題名である。コルネリウス(一八六三〜一九四七)は、ミュンヘンの芸術的な(画家や音楽家を出した)一家に生をうけ、芸術に強い関心を持ちつづけた哲学者であった。彼自身もピアニストとして、(また)彫刻家、画家としても頭角をあらわした。数学・自然科学から哲学に入り、心理学を基礎とする実証的批判哲学を説いた反観念論的・非正統的な新カント主義者であり、戦争にも反対したラディカルな政治的傾向の持主であり、他面、文化的ペシミストでもあった。フッサール現象学のゼミナールを通して、また人格や文化論を通して、ホルクハイマー、アドルノなどの弟子に影響を及ぼしたのであった。

しかしアドルノといえども、師のコルネリウスにのめりこんでいたわけではない。「フッサールの現象学における事物的・ノエマ的なるものの超越」という学位論文名が示唆するごとく、アドルノは、フッサールの哲学の方が、直接の師コルネリウスの哲学よりもふさわしいものであることを感じとっていたのである(直接の表現はないが)。

現象を意識に取りこんで、それを秩序化・組織化・体系化するというコルネリウスの新カント主義は、理性そのものが問題である大戦後の時代にあっては、もうすでに古く、現在のさし迫った諸問題を論ずるには不適当で、時代にふさわしい作用を及ぼすわけにはいかないのである。いっさいが意識へ統一され、意識によって調整されるかぎり、意識の事実へ解消されないすべては、哲学的反省から追いやられてしまう。矛盾や無調整にみちた現実において、調和や無矛盾を目ざす哲学は、もはや現代の諸問題を解くには適さない。かわって問題にこたえうるものは、フッサールの「事象そのものへ」というスローガンによる哲学が、唯一可能の出口と思われざるをえなかった。いっさいの世界を意識へ取りいれることによって組織化・秩序化しようとするコルネリウスに対して、フッサールは、意識によってなされたいずれもの認識のはたらきを、意識そのものでないもの、それゆえ意識に超越的であるものに関係させようとする。カントの自発性、悟性の自己支配にとりつけられているいわば強制に対して、フッサールは、意識活動の外へ眼を向けるのである。悟性的抽象への強制を治癒するための前提は、まさにあの特殊なもの、個々のもの、直観的なものへの転換であり、なおいまだ普遍的概念へ抽象化されないものへの転換であり、それが現象学の根本である。フッサールは、芸術には疎遠であったが、彼の哲学には、強く刻印された美的契機がみとめられるのである。現象学と芸術とのこの親近性こそ、

コルネリウス

アドルノが、単に学位論文においてのみでなく、いつも新たにフッサールと取りくもうとするゆえんであろう。

しかし、フッサールないし現象学へのアドルノの関心は、フッサールをいわばコルネリウス化する意味をもつにすぎなかった。アドルノにとってフッサールは、先験的観念論に近づけて理解されたにすぎなかった。

M＝ヴェーバーによる管理的合理化批判

いまひとつ、時代の重大な問題点は、理性ないし合理化に対する疑念である。マックス＝ヴェーバーの分析は、この点を解明しつつあった。

ヴェーバーによれば、法の形式的合理性と行政手続の抽象的合理主義が、旧来の伝統的カリスマ的支配にかわって、西欧近代社会を特色づけるものであった。それは、近代国家の形成にともなって発生した統治形態である。西欧近代国家の特色は、この法による合法的支配にある。合法的支配の典型は、官僚制すなわちビューロクラシー支配であり、ヴェーバーによれば、この機構は、機械生産が手工業生産にまさると同様、他のあらゆる行政組織に優越する。それは、正確であり、迅速であり、非合理な衝動や感情を公務から排除し、恒常的で明確な法の支配を徹底し、法の前における万人の平等を可能にする。

官僚制支配は、契約の自由や法の前における平等を原理とする民主政治にとってのみならず、合理的な計算可能の確保を目ざす資本主義的経済体制の成立・発展にとっても、重要な前提となる。

ビューロクラシー的組織管理機構は、政治や産業の領域のみでなく、軍隊、労働組合、病院、教団、学校など、現代社会のあらゆる領域・職場に普及するにいたった。

　この法的な形式的合理性ないし官僚制的機構は、しかしその形式性のゆえに、実質的な合理的解決を無視することにもなる。悪平等・画一的で、セクショナリズムとなり、杓子《しゃくし》定規で形式的となり、民主的どころか中央集権的で非民主的専制的となりがちである。巨大なビューロクラシーのもとで、中央にコントロールされる一般庶民は、受動的で、自主性や自由を喪失した無力な小歯車とされていく。ヴェーバーは、有名な『プロテスタンティズムの倫理と資本主義の精神』（一九〇四）において、今世紀初頭の姿を、次のように描写する。かつて、プロテスタンティズムのきびしい禁欲的職業倫理は、労働意欲をもりあげ、多くの成果（生産物）をもたらし、資本主義という生産の枠ぐみをつくりあげた。ところが、この枠ぐみは機械化され、分業化され、歴史にその比をみないほど強力なものとなって人間を支配した。人間は、もはやこの枠ぐみからのがれることができないようになってしまった。かつてのプロテスタンティズムの職業倫理は亡霊と化し、かつてのバラ色の啓蒙《けいもう》主義は色あせてしまった。勝利を遂げた資本主義のしくみは、もはや精神的・文化的な支えを必要としなくなったのである。分業化された枠のなかの人間は、専門の部分のみにかかわる、精神のない専門人、心情のない享楽人となって

ヴェーバー

しまった。にもかかわらず、このむなしい現代人は、人間性のかつてない高い段階に達したかのように、うぬぼれているのである、と。そしてヴェーバーによれば、このような変質ないし人間疎外は、単に資本主義体制のもとで起こるのみではない。未来の社会主義体制においても、近代的合理的なビューロクラシーが形成されるかぎり、プロレタリアートの独裁ではなくて、官僚の独裁が生ずるであろう。そしてかれら官僚も、この巨大な体制のなかで小さな歯車と化し、中央の権力に従属する秩序人となり、みずからの自由や自主性や個性を喪失してしまうであろう。こんにち管理社会といわれるものにおける人間疎外、それはホルクハイマーやアドルノがやがて問題にするであろう問題を、ヴェーバーはすでに半世紀も前に、警告していたのである。

が、アドルノの師コルネリウスには、こうした問題は、まったく見落されていたように思われる。コルネリウスにとっては、合理性や理性に対してはなんのためらい、なんの疑念もなかったようである。アドルノが哲学の研究をうけたその人は、こうした点においても、すでに過ぎ去った世界に属していたのである。

アルバン＝ベルクとの出会い

学位論文ができあがった一九二四年の夏、フランクフルトの大音楽祭がはじまった。そこでアドルノは、彼にとって決定的な意味をもつある事件におちあうのである。アルバン＝ベルクとの出会いである。すなわちアドルノは、「全ドイツ音楽協会のこのフランクフルト・フェスティヴァルで、ベルクの新しい未演奏のオペラ『ヴォツェック』

（Wozzeck）の三断章を聴き、それに心を奪われたのである。アドルノはただちにベルクの友人を通じてベルクと会い、自分を弟子にしてくれるよう説得した。

学位の取得をへて、翌二五年の一月、アドルノは、ベルクのもとで作曲の教授をうけるため、ウィーンへ向かった。彼に開かれた芸術家としての新しい見通しに対して、学位取得のごときは、単に従属的なものにすぎなかった。ウィーンに到着したアドルノは、さっそくアーノルト＝シェーンベルク（一八七四〜一九五一）のもとに集まったヴェーンベルン、ベルク、ヴェレスなど革新的な作曲家たちの会に入会し、ベルクに週二回、作曲を、またエドゥアルト＝シュトイアマンにピアノを習った。

ベルク（一八八五〜一九三五）の父は、バイエルン人で、ニュルンベルクのかなりの家の出身で、若いころウィーンへ移住して、そこで輸出業（信心用具商）、あるいは書籍業を営んでいた。母はウィーンの宝石商の娘で、美術や音楽に造詣《ぞうけい》が深かった。このゆたかな芸術的雰囲気の家庭に生まれたベルクは、音楽を学んでいた長兄と妹に刺激されて音楽の勉強をはじめたが、音楽学校には入らずに、一般のコースで大学を卒業した。独学で作曲をはじめるが、彼の関心はむしろ文学で、このことが彼の音楽家としての生涯に重要な要素となるのである。長兄のはからいで、シェーンベルクに入門し、ヴ

アルバン＝ベルク

ェーンベルンらとともに作曲技法の教えを受けることになる。以後、シェーンベルクが無調音楽をへて十二音技法を完成するに至る間、師の協力者として大きな役割を果たすことになる。

『ヴォツェック』は、ドイツ近代劇の先駆者ゲオルク＝ビュヒナーの代表作『ヴォイツェック』を、ベルクがその文学的才能によって文学的にもきわめて質の高い台本に仕上げ、それをオペラ化したものである。一九二〇年に完成したこの作は、無調音楽の輝かしい成果をなすもので、「二〇世紀の生んだ代表的オペラ」と評価されるものである。

ベルク回想

ほんらい病弱であったベルクは、これまた高い評価を受けている「ヴァイオリン協奏曲」（親しくしていたマーラー未亡人と建築家グロピウスとの間に生まれた娘の死をいたんで作曲されたもの）を完成後、軽い腫瘍《しゅよう》の悪化から敗血症をひきおこし、三五年のクリスマス・イヴにウィーンの病院でなくなった。アドルノは、一九三六年、『二十三』誌のベルク記念号に、「生ける人への追想」を、ヘクトル＝ロットヴァイラーの筆名でよせるが、その後六八年に至るまでに、ベルクの音調、回想、作品などに関する論をものするのである。それらをまとめて六八年（死の前年）、『アルバン・ベルク——極微なる移行の巨匠』を公刊した。それを手づるにアドルノのベルク観をのぞいてみよう（平野嘉彦訳による）。

「極微なる移行の巨匠」という副題が示すごとく、アドルノによれば、ベルクの作曲は彼の繊細さを象徴するごとく微視的で、さまざまのディテールがかくも微細な無限小の様相を呈するのである。まるでさまざまのものが、オペラグラスをとおして巨人の眼に映ずるごとく、細部に没頭することによって、何ひとつ断ち切られてはならず、何ひとつ拒んではならなかった。みごとに成功している瑣事《さじ》への拘泥が、ベルクのラディカルな作品を護持しているのである。そこからベルクの音楽は、あふれるばかりのゆたかな多様性をおびてくる。そして音楽全体が、持続的移行の原理に融合されて、移行へ、移り行くものへ、間然することなく自己を超越するものへと姿を変える。たがいに異質な形象の織りなす多様性、いうまでもなくつねに相互に媒介しあい移行する多様性、そこには合理主義への抵抗があり、一瞬たりとも既存のものと妥協することのない孤独があった。彼は、「実存なるものの理想が讃美《さんび》してやまぬ自己同一性など、所詮《しょせん》もってはいなかった」。

このように、アドルノのベルク観を並べてみると、それらは同時に、アドルノの哲学観にもつながっていく。

アドルノは、ベルク音楽を、こう性格づける。「アルバン＝ベルクの作品に眼を転ずるならば、そのすべては、ハイドンのたまゆらひらめく志向のあとを追って、音楽そのものを寂滅の形象へ変様せしめ、それをもってして生に永の暇《いとま》を告げようとする、そうしたたぐいのものに思えてならない。死との連累《れんるい》、おのが滅びへの都雅《とが》ともいうべき親愛、それこそが彼の作品の性格である」と。まさに「一切色即是空」。わたしたちは、この言葉を一九六八年に刊行された『アルバン・ベルク』でのアドルノの言葉として受けとるとき、翌一九六九年に急死するアドルノが、みずからの死に対して向けた句のようにも受けとれるのである。

ウィーンの体験

シェーンベルク

アドルノのウィーン時代のシェーンベルクは、すでに無調性の音楽をはなれて、いわゆる十二音技法へ移りつつあった。が、アドルノがとりわけ影響をうけたのは、自然主義・印象主義に対する反動としての、主観性の強いシェーンベルク派的無調性であった。シェーンベルクは、ブルジョア的調性原理を否定したのである。ベルクに師事するアドルノは、この時期、ウィーンの『アンブルッフ（Anbruch＝「夜明け」）』その他の前衛雑誌へ、数多く寄稿した。個人的な美的経験を重視するアドルノの一種「無調」の哲学は、ウィーンでのこの体験にもとづくところが大きいといえよう。ウィーンでの三年間は、アドルノにとって、副次的な横道以上の影響を及ぼすことになったのである。極微的・特殊的なものをみのがさない姿勢、ブルジョア的な合理的・理性的なものへの批判、全体的・体系的なものの否定、現実的・現存的なものを相対的な移ろいいくものとしてその絶対性を否定する箴言的思想、美的・音楽的なものあるいは文学によせる芸術的感性、それらは、天性や家庭的環境にもとづく教養のうえに、さらにこのウィーン的なものによって、はぐくまれていったともいえよう。

フランクフルト帰還と社会研究所

一九二七年、アドルノはフランクフルトに帰り、哲学の学問研究に立ちもどるのである（もちろん、一九二九年から一九三〇年まで二年間、『アンブルッフ』の編集を引きうけるのであるが）。

フランクフルトにもどってきたアドルノにとって、重要なことは、ホルクハイマーやレーヴェンタールを介して、二三年に創設された「社会研究所」に接触するようになったことである（正式に専任所員となるのは三八年）。

社会研究所の創設に大きな役割を果したのは、ヴァイル父子（H＝ヴァイル、F＝ヴァイル）である。ドイツ生まれのH＝ヴァイルは、アルゼンチンに赴き、そこからヨーロッパへ穀物を輸出していた富裕な商人であった。F＝ヴァイルは、その一人息子で、ブエノスアイレスに生まれ、フランクフルトのギムナジウムをへて、新しく創設されたフランクフルト大学に入り、社会主義の実行に関する問題で学位を取った。富裕な彼は、ドイツにおけるマルクス学ないし社会主義の進展に関心と援助を惜しまなかった。一九二三年五月、マルクス主義研究週間を開き、それには、G＝ルカーチ、K＝コルシュ、R＝ゾルゲ（一九四四年、日本において、ロシアのスパイとして処刑）、F＝ポロック（ホルクハイマーの友人）といったそうそうたる連中（日本の福本《ふくもと》和《かず》夫《お》の名もみられる）の参加があった。が、実践的成果

F＝ヴァイル

グリュンベルク

を得るにいたらなかったヴァイルは、労働運動の歴史と理論とか、社会の経済と文化との相互作用などの探求を目ざす恒久的施設の設立という、以前からの考えに立ちもどった。こうした研究は、当時のドイツの大学では、まだ重要視されてはいなかった。ポロックとポロックの友人でこの頃ヴァイルと知りあいになったホルクハイマー、さらにアーヘンの工業大学教授で経済学者のK＝A＝ゲルラッハらが、この研究所設立企画を支持・擁護した。ヴァイルの父、H＝ヴァイルは、世の悲惨に心を痛めながらなくなったが、遺言で、この源泉を探求すべき研究所の設立のため多額の寄付をよせた。それが、研究所の創設と維持を可能にしたのである。

しかし、研究所の所長に予定されていたゲルラッハは、研究所創立の直前、一九二二年秋、突然病で世を去ってしまった。

かわって所長に選ばれたのが、C＝グリュンベルクである。彼は、オーストリア、ウィーン大学の教授で、非弁証法的・機械論的なマルクス主義にもとづいて、社会主義および労働運動の歴史的・経験的研究をこととしていた。一九二三年三月、研究所は創立され、あけて二四年六月、研究所の建物が竣工《しゅんこう》し、七月、開所式が行われた。所長のグリュンベルクは、開所の辞で、実証的・無党派的な研究所方針を強調した。実証的な歴史的研究、哲学の排除、経済生活の反映としての社会的諸生活の表現、資本主義から社会主義への移行進化を確信するオプティミズム、それらがグリュンベルク所長下の研究所の特色であった。それはともかくとして、マルクス理論の結論が、人間的現実の永遠の構造とか法則を規定するものではなく、そのときどきの歴史に制約された相対的な意義を要求するにすぎないとする考えは、その後のこの研究所において展開されることになるのである。

が、一九二七年、グリュンベルクが卒中でたおれ、三年後、所長の地位から退いたのにともなって、三〇年六月、社会哲学の正教授となったホルクハイマーが、あわせて社会研究所の所長に就任するのである。正教授ならびに研究所長としての就任講演において、彼は、社会哲学とは、人間の集団的運命を哲学的に解釈することを目ざすと言明する。そして、研究所における社会哲学の方法が、社会研究における哲学的構成と経験との並存、つまり、哲学理論と経験的個別科学との弁証法的相互媒介による展開であることを明らかにした。そこには、哲学者と、社会学者、経済学者、歴史家、心理学者などとによる計画的共同研究が考えられているのである。

西欧マルクス主義への共感

ウィーンからフランクフルトにもどってきたアドルノは、学問的研究を目ざして、一方で、この社会研究所と接触するとともに、彼の交友関係も広げられていった。ブロッホ、ブレヒト、ベンヤミンなど、ベルリンにたむろする異端的マルクス主義者との交流により、彼はマルクス主義への共感を示しはじめていた。当時のマルクス主

ルカーチ

義はすでに、ブロッホの『ユートピアの精神』、ルカーチの『歴史と階級意識』などによって形成されつつあった。もちろんマルクス主義へのアドルノのこの共感は、ヘーゲル的マルクス主義ないし「西欧マルクス主義」（G＝ルカーチやK＝コルシュらの試みる）の方向であり、ソヴィエトやドイツ共産党を擁護する実践的政治的なそれとは一線を画するものであった。ヘルベルト＝マルクーゼの実践性の強い方向とさえ、距離をおくものであった（アドルノのこの姿勢は晩年まで変わらなかったが、それが後年の学生運動との関連において、悲劇を生みだすことにもなるのである。こうした方向は、ホルクハイマーと軌を一にするものであった）。

ちなみに、ルカーチが初期に書いた『歴史と階級意識』（一九二三）は、西欧マルクス主義の先駆的役割をなすものであった。当時のマルクス主義の主流をなす第二インターナショナル（国際社会主義者大会、一八八九～一九一四）にもとづく社会民主党的正統主義の理論家たち（K＝カウツキーやE＝ベルンシュタインなど）が、人間の意識やその活動の積極的な役割を明らかにしえなかったのに対し、ルカーチのこの著は、歴史の変革における意識、とくにプロレタリアートの階級意識の果たす積極的役割を重視し、逆にブルジョア階級の意識の虚偽性を批判した。またマルクス主義をヘーゲル哲学に結びつけ、資本主義社会において商品が物神化され、人間が物象化されている姿を分析し、その克服を求めた。ルカーチのこの理論は、アドルノのみでなく、マルクーゼ、ベンヤミン、ブロッホ、ホルクハイマーなどフランクフルト学派とよばれることになる面々にも、影を落とすことになる（反面、ルカーチ理論は、また後ほどこの学派の批判にさらされることにもなるが。それは、党とその役割の神学化ないし倫理的賛美に対してであり、それがスターリンの専制的恣意《しい》をおおいかくすことになりはしないかという点に関してである）。

この頃、アドルノは、ベルリンでグレーテル＝カルプルスと親しくなり、彼女を訪問している。彼女は学位を取った化学者で、後ほどアドルノがイギリスに亡命したのちにも時おり彼女をたずね、結局二人は、一九三七年に結婚することになる。

精神分析の問題と教授請求論文

マルクス主義（西欧マルクス主義）への共感とともに、アドルノの傾斜は、またフロイトの精神分析、とくに無意識の問題へ向けられていった。そしてそれは、やがて、教授資格取得請求論文「超越論的心理学における無意識の概念」へと結実していく。アドルノは、在学時代、すでにゲシュタルト心理学にはふれていたが、その後フロイトの仕事にもふれるようになるのである。

そのころ、反理性的な可能性という背景のもとで、フッサールの現象学的方向にかわって、マルティン＝ハイデガーの『存在と時間』（一九二七）や、C＝シュミットの全体国家的政治論ないし国家論が登場しつつあった。非合理主義者たちによって、カント先験哲学のもつ欠陥や矛盾——理性ないし認識の近づきえない領域の問題とか、有機体の認識の問題など——にもとづくカント批判哲学の無力化・無効化が試みられていた。アドルノは、心理分析的方法を介して、カント哲学の問題を前向きに片づけようとした。それは、精神分析を、先験哲学の補助学として利用することによってである。つまり、無意識なものもまた、意識に残存していて、原理的に意識に内在していることを保証することである。

ともかくもこうして、教授資格請求論文では、先験哲学は総じて疑問視される。真実の基準は個々の主観やこの主観によってなされた先験的総合へ関係づけられるのではなく、超個人的な社会へ関係づけられる。また、論文の最終章では、イデオロギー批判が遂行される。こうした先験哲学との断絶は、同時にコルネリウスとの隔りにほかならない。精神分析に関する章が、コルネリウスによって読まれないままで、コルネリウスの結論は回避され、請求論文はひっこめられてしまった。イデオロギー批判の方向は、いうまでもなく、このころこの方向を取りつつあったホルクハイマーの影響によるものであった。

学派への凝集と『社会研究誌』の創刊

さきに述べたごとく、研究所の初代所長グリュンベルクは、哲学的思考に対しては疎遠であった。が、本来哲学者である新所長のホルクハイマーにとっては、哲学は研究所にとって、積極的な役割を果たすべきものであった。その哲学は、弁証法こそ「あらゆる哲学の最後の言葉」とするマルクス主義を、ヘーゲルに結びつけて——といってもヘーゲルの神秘主義的傾向をはなれて——解釈する弁証法的唯物論であった（もちろんそれは、ソヴィエト的正統マルクス主義や社会民主党的正統主義とははっきり対立する、既述の西欧マルクス主義の系列に属するものであったが）。

こうして、新しい所長ホルクハイマーのもとでの研究所の新しい構想や活動が開始され、展開されていくことになった。それは、やがて「批判理論」といわれるような性格をもった学派へと結集していく。それが、後ほど「フランクフルト学派」と呼称されるものなのである（この呼称は、社会学者のR＝ダーレンドルフが、このグループの結束ぶりにいささかへきえきして呼んだのにはじまるとされている）。

アドルノが公的に研究所に所属したのは一九三八年であるが、彼はすでに一九二八年ウィーンからフランクフルトへ帰還していらい、とくにホルクハイマーが所長となってから、研究所と密接なかかわりをもっていた。さらに、ヘルベルト＝マルクーゼ、W＝ベンヤミン、といった逸材が、研究所と接触するようになる。マルクーゼは、裕福なユダヤ系ドイツ人の子として一八九八年ベルリンに生まれ、ベルリンの大学で、のちにはフッサールやハイデガーのいるフライブルク大学で哲学を勉強した。ハイデガーの助手ともなり、アカデミックな道を歩みはじめた。が、ハイデガーとの政治的見解の相違によって破局をもたらし、フランクフルトの社会研究所と接触することとなるのである。しかし後年、彼の積極的な実践的理論によって、研究所の面々、とくにホルクハイマーやアドルノともはなれることになる。六〇年代、学生運動がもりあがったおり、三M（マルクス、毛沢東、マルクーゼ）の一人として、学生運動のアイドルともなるのである。

マルクーゼ

他方、ベンヤミンは、既述のごとく、やはりベルリンの富裕なユダヤ系商人の子として生まれ、とくに文芸上の逸材として、アドルノに強い影響を与えたのであった。

一九三二年、研究所の機関誌『社会研究誌』がライプツィヒで創刊された。ホルクハイマーをはじめ、ポロック、フロム、グロースマン、レーヴェンタールなどの同志が、そしてアドルノが執筆した。そこには、マルクス理論に関するもののほか、分析心理学や文学や音楽に関する論もうかがわれる。アドルノの論は、「音楽の社会的境位によせて」であった。研究誌は、学際的に、現代人の共同生活にとって規定的である諸要素を、それが経済的なものであれ、心理学なものであれ、社会的なものであれ、それらを引き入れて、課題の充実に協調することを求めたのである。

キルケゴール論を目ざして

精神分析を取りいれたアドルノの教授資格請求論文は、見送られてしまった。が、そうこうするうちに、主任教授のコルネリウスは、フィンランドへ移住するため、大学を去ってしまった。コルネリウスのあと、カントの形式倫理学の批判者で、実質的価値倫理学の提唱者、M＝シェーラーがその席をうずめ、ついで神学者のパウル＝ティリヒがその席を占めることとなった。ティリヒのもとで、アドルノは、教授資格請求論文を、他の方向へ変更することになる。それが『キルケゴール――美的なものの構成』である。それは、一九二三年にはじまるベンヤミンとの交友が頂点に達したころのものである。ベンヤミンの『ドイツ悲劇の根源』に導かれながら、コルネリウスの先験的観念論から唯物論への移行途上の模索ともいうべく、ベンヤミンによって「観念論の終焉《しゅうえん》」と評せしめた性格をおびたものであった。

同時にアドルノは、またヘーゲルに取り組みはじめていた。その影が、このキルケゴール論にもうかがわれる。それは、彼のキルケゴール論、つまりキルケゴール批判がおびている弁証法的な姿に見られるのである。ヘーゲルに批判を加えたキルケゴールが、ここでまた反撃をうけるのである。

キルケゴール論——美的なものの構成

アドルノがキルケゴールに取りくんだ背景には、当時のキルケゴール・ブームに対する批判的なキルケゴール解釈と、それによってみずからの哲学を表示しようとした意図があったといえよう。

キルケゴール・ブーム

すでに今世紀のはじめ、ルカーチがキルケゴールを取りあげている（『魂と形式』、一九一一）。ヤスパースの『世界観の心理学』（一九一九）、カール＝バルトの『ロマ書』（一九二二）をはじめとする弁証法神学、さらにまた一九二七年『存在と時間』を書いたハイデガーやそのもとでのいくつかのサークルなどで、キルケゴールは注目され、強い影響を及ぼしていた。まさに、キルケゴール・ルネッサンスといわれるほどのブームであった。アドルノは、キルケゴールそのもののみでなく、こうした弁証法神学やハイデガー的存在論などのブーム的解釈に対しても、批判を加えるのである。

対象なき内面的主体性

周知のごとくキルケゴールの哲学は、単独者の実存の主張ということでもって知られている。それは、おしよせる資本主義の圧力によって自己が喪失され、大衆化・物象化していく歴史に対し、自己の自由・自律・主体性を取りかえして守ろうとするものであった。キルケゴールにとっては、このような主体性こそが真理の場ないし舞台であった。それは、客観的精神ないし理性の展開のなかに真理をみたヘーゲルに抗するものであった。キルケゴールによれば、人間とは精神である。精神とは何か、精神とは自己である。純粋な内面的精神が、行為の尺度なのである。

が、アドルノによれば、この主体性は、客観的・外的な対象をもたない内面性としての主体性である。内面性は、客観的対象を欠いたというよりは、それを避けた内面化なのである。が、それによって、外的世界のどんな悪しき力に対してもそのままになるという、そういう不吉な結果を招きかねない。そのことが看過されているのである。愛、たとえば隣人愛が、現実において客観的に保証され確立されえず、またこの確証を不可能にしている客観的諸条件にふれることも許されない。とするならば、隣人に対する愛とは一体何を意味するのであろうか。現実的な愛は、客観的社会的な洞察と不可分である。だがキルケゴールには、内面的主体性を固辞するかぎり、客観的社会的洞察は遮断されている。その限り、隣人についての教説は、抽象的で、現実から隔たっていて無力である。そのような教説のもとでの隣人愛は、階級対立のもとで無力であり、あるいはその対立を隠《いん》蔽《ぺい》するためのイデオロギー的役割を担うにすぎないものとなる。

窓の反射鏡による室内と外とのつながり

キルケゴールのいう内在的主体性の相を、アドルノは、隔離された室内居住者と窓の外にとりつけられた反射鏡（キルケゴールの『誘惑者の日記』に出てくる反射鏡）との比喩《ひゆ》になぞらえる。アドルノにとって、室内は、キルケゴール哲学の原型ともいうべきものである。室内居住者は、みずから外へ出かけて行って、荒々しく彼を刺激する外（自然、歴史、社会）に接することはない。ただ、窓の外に取りつけられた反射鏡を通して、そこに映し出される仮象としての外を眺め、外に通ずるのである。外との直接の媒介によって、みずからを保証するのではない。本来、内の住人（主体）なるものは、外の人びとや出来ごと（客体）との媒介によって自己を可能にするものである。しかし反射鏡による外の客体は、客体そのものではない。そこでは、室内の主体は、客体を喪失している。そこには、主体と客体が相互に媒介しあい規定しあって、相互に存立しあっているという弁証法的関係はみられない。室内の主体は、外の荒々しい力にさらされることなく、内にあって、静かに、鏡を通して外を受け入れているにすぎないのである。そこでの弁証法は、主体的自己と、主体的自己が追求する人生の意味との関連である。そしてそれは、いうまでもなく、内面ないし室内の舞台において行使されるにすぎない。それは、外、自然や社会や歴史を避けて、内面へ内面へと沈潜する精神化のプロセスであり、外、人間の脅威であり誘惑である歴史的現実の洪水を前にして、自己の意味を隠し守ろうとする孤島の企てである。内面的主体（実存）は、外の歴史的現実そのものに呪詛《じゅそ》を下すことによって、押し迫る外的を静めようと努力する。こうして歴史的現実に対するキルケゴールの闘いが始まる。彼にとっては、内面的な歴史こそ真の歴史なのである。

こうして、ひとたび外、客体が主体を圧倒せんとするやいなや、主体にとって室内はいよいよもってみずからの避難所となるのである。そこに室内に閉じこもる知識人の孤立化がある。

室内に避難し、反射鏡を覗《のぞ》き込む孤立的知識人（まさに単独者！）の背景をなすものは、経済の生産過程からまぬがれ、金利によって生活する非活動的な私的人間（キルケゴール）のあり方なのである。キルケゴールは、高度資本主義的状態の危急を認識していた。資本主義における物象化や商品化を知っていた。それゆえに彼は、この危急に陥って自律的主体性を喪失している大衆を軽蔑《けいべつ》し、大衆に敵意を示した。大衆は、彼にとっては、自然的自我と同様に非真理である（それゆえに、室内的・内在的主体性のなかに真理の場を見、それによって自己を守ろうとしたともいえる）。キルケゴールにあってはニーチェにおけると同様、人間を大衆化してしまう支配機構による人間の破壊が、何らかの形で見ぬかれている。また彼は、社会的関連に関しては疎《うと》いにしても、商品形態と物象化との関係も書きとめている。にもかかわらず、内在的主体性において室内の安全のなかへ避難する彼は、物象化の生起せざるをえない必然性を分析しはしない。まして、物象化を修正する可能性を分析しはしない。したがって、物象化に対する彼の批判もけっきょく無力であり、直接労働にたずさわることのない金利生活者の小市民性につきまとわれている。

美的なものの構成

キルケゴールにおける「美的なもの」という用語は、アドルノによれば、およそ三つに区別される。まず第一は、一般の用語法と同じく芸術作品と芸術理論の領域を指すばあいである。第二は、態度としての美的なもの、すなわち、感性的なものを追求する場合である。感性的な享楽や詩的空想の夢を追う審美的な人生の領域のことで、「自己の中の美的なものにおいて生き、それによって生き、そのために生きている人間」の段階である。それは、飛躍によって、倫理的・宗教的な段階へと高まっていくが、より高い倫理的態度の視点から見ると、美的段階は非決断として映るものである。倫理的態度や宗教的信仰への「飛躍」の前では、この美的なものは、被造物としての人間の直接性一般という低次の過程とみなされ、しかも罪責を負うものとされる。被造物としての直接性は打ち破られねばならない敵対力となるのである。キルケゴールの初期著作では芸術としての美的なものは、なおその権利が少なくとも弁証法的には主張されていた。が、それは、やがてついに有罪判決を受けるのである。

「美的なもの」という語の第三の用法は、主体的真理の伝達の形式を指すものである。客観的でない主体的真理は、その伝達に特別な技巧を必要とするのである。

以上、三つの用語のうち中心をなすものは、もちろん第二の態度としての美的態度ないし美的な生き方である。やがて、倫理的、そして宗教的な段階へと飛躍していく直接的な生存態度としての、この美的段階ないし美的領域は、キルケゴールによれば、最も低い罪を負える領域であった。が、アドルノは、逆にそこに意義をみるのである。キルケゴールにあっては、形式としての主体が、内容としての客体の正当な権利を侵害するのに対し、アドルノは、美的なものが、客体に対するかかわりを示しているというのである。

この著をとおしてアドルノが志向するもの

アドルノの意図は、一九六二年版のアドルノ自身の「あとがき」にあるとおり、キルケゴールの著作を解釈することであった。そしてその解釈をとおして、「あとがき」にも指摘されているごとく、まずは精神ないし理性の自然支配とそのような精神（理性）に対して批判を向けることであった。キルケゴールは、罪の意識におののき、絶望のはてに精神（理性）を犠牲にして信仰に入ることを要求する。そもそもキルケゴールにおける罪や審判は、内面的精神化の行きづまりを示すものである。精神（理性）を犠牲にすることは、精神（理性）に行きづまり、その彼方に神を捉えそれにすがろうとすることを意味する。本来、精神ないし理性は自然なくして存在することはできない。にもかかわらず、精神（理性）は自然を支配し自然を排除して自己を貫徹しようとした。宗教への飛躍は、このような精神（理性）の傲慢《ごうまん》に対する批判であり償いであり精神（理性）の自己否定である（自然支配としての理性に対する批判は、後ほどの、ホルクハイマーとの共著である『啓蒙の弁証法』につながっていく）。

このような精神（理性）の批判は、他面、自然との和解の自覚を示唆するものにほかならない。それはまた、精神（理性）が自然の一契機にすぎないことの自覚にもつながるであろう。アドルノにとっては、自然こそ根源的なものであり、精神（理性）は自然に由来する自然の一契機にすぎない。

　こうしてアドルノは、キルケゴールのなかにキルケゴールを超えるものを読みとるのである。精神（理性）が自己に不可欠なものとして自然を受容し、自然と融和することによって、自然は荒々しい盲目的魔力ではなくなり、精神（理性）に規正されつつも、その感性的欲求を充足することができるであろう。

　このような意味において、アドルノは、客体と主体、客観と主観、自然（内的自然をふくめての自然）と精神、の弁証法を目ざすのである。キルケゴール的観念論を脱却して、自然を根源とする自然弁証法を、キルケゴール解釈を通してとらえるのである。それはベンヤミンがアドルノのこのキルケゴール論を評したごとく、まさに「観念論の終焉」（ベルリン、『フォス新聞』＝Vossische Zeitung, 1933, 4, 2）を示すものであり、アドルノにおける観念論から唯物論への出発を意味するものであった（唯物論といっても、もちろんそれは、エンゲルスのそれとは異質のものではあったが）。

　この書は、一九三三年、チュービンゲンのモール書店から出版された。が、出版の日付け（一九三三年一月三〇日）は、皮肉といおうか、これからのアドルノの運命を暗示するかのごとく、奇《く》しくもヒトラーがドイツの首相に就任し、ナチスが政権を奪取した当日にあたっていた。アドルノにとって処女出版という栄光の日の外には、この栄光をのみ込む暗雲がおしよせようとしていたのである。

注　この「キルケゴール」論に関しては、三浦永光・伊藤之雄訳『キルケゴール――美的なものの構成』ならびにその解説を参照した。

なお、アドルノのこの著は、アドルノが古典哲学の手ほどきをうけたジークフリート＝クラカウアーに捧《ささ》げられている。

時代の波――私講師からイギリス亡命へ

哲学の今日的意義

ティリヒのもとで、キルケゴール論により、教授資格を取得したアドルノは、フランクフルト大学の私講師に就任するにあたって、一九三一年五月、就任講演を行った。「哲学のアクチュアリテート」(哲学の今日的意義ないし現実性)についてである(大貫敦子訳「哲学のアクチュアリティー」、「現代思想」一九八七年一一月号参照、以下この訳による)。

アドルノ哲学の方向性の示唆

わたしたちは、アドルノ初期のこの就職講演のなかに、すでに、彼の思想の方向性ないし性格の示唆をよみ取りうるであろう。

まずは、「全体は真ならざるものである」とする、全体性把握を自負する哲学の排除であり、根源的存在を前提する哲学に対する批判である。したがってそれは、体系性や完結性や根源性の否定である。またそれは、永遠性・不変性の真理の否定につながる。不変性・永遠性の否定は、非同一なるものの地平に眼を注ぐことを意味する。

さらに、自律的な理性が、現実の概念を、そして一切の現実そのものを自己のうちから展開しうるとする観念論体系の基本前提の解体を訴えることによって、それは主観的観念論を斥《しりぞ》け、唯物論への方向を示唆するのである。が、なんといっても、アドルノが今日的意義をみる哲学は、みずから不毛をさえ自認する否定的批判の哲学であり、やがて晩年に結実する『否定弁証法』への方向である。かつまた、観念論的理性はもちろん、理性そのものに向けられた批判は、やがて導出される社会批判と相まって、現代理性批判としての『啓蒙の弁証法』を生み出してくる方向を示唆している。

そしてこのような方向にみあう叙述は、非体系的な「エッセイ」という形式をとるのである。幼少からの音楽的教養、そしてさらにシェーンベルクやベルクによって培われた無調音楽的教養にもとづいた無調の哲学は、それにふさわしい「エッセイ」という形式をとって展開されていくのである。エッセイ的な無調の哲学、そこにアドルノ哲学の難解さの由来があるともいえよう。

こうした現代流行哲学の批判・解体・否定を訴える就職講演は、彼の死後はなばなしく展開されることになるデリダの「脱構築」（ディコンストラクション）主義をすでに早くも先取りしているともいえよう。プラトン、アリストテレス以来、ヘーゲル、フッサールから今日にいたるまでの西欧の存在論もしくは形而上学《けいじじょう》の基礎概念がつくりあげた、ロゴス中心主義的な論理的・概念的思考体系ないし構造を解体し再構築するという脱構築主義を（マーティン＝ジェイ著、木田・村岡訳『アドルノ』参照）。

フランクフルトでのナチスの大会

若き私講師と時代の波

　私講師としての講義やゼミナールの内容は、アカデミックな経歴の通例のごとく、いままでの研究に関するもの、すなわち、芸術哲学の諸問題、キルケゴール論、フッサールの認識論、ヘーゲル論、などであった。まさに、若き私講師のさっそうたる登場であった。

が、三〇年代にはいると、時代はすでに、ヒトラーの台頭というきびしい社会情勢に直面していた（一九三三年一月三〇日、ヒトラー内閣成立。三四年八月二日、ヒトラー、総統になる）。この情勢に対する配慮として、ホルクハイマーは、スイスのジュネーヴに、ついでロンドン、パリに（さらに後にはニューヨークに）研究所の支部を設立した。研究所の基金も、ひそかに、中立国のオランダへ移していた。

　一九三三年四月一日、ベリルンでユダヤ人商店に対するボイコットが組織的に起こされた。ベルリンで、そしてまたドイツ国内で、こうした一連の事件が起こった。それがもとで、アドルノもこれに捲《ま》きこまれて、ものが言えなくなってしまった。私講師としての大学の勤務は、すでに一九三三年の春から停止になっていた。彼はできるかぎりひかえめにし、権力への適合の印象が成立するような戦術を展開したのであったが。私講師としての彼の在職は、わずか四ゼメスター（四学期）にすぎなかった。教授資格も、ついに、アドルノの三〇歳の誕生日にあたる三三年九月一一日に取り消されてしまった。教授資格をウィーンの方へ変えようと試みるが、後述のごとくそれも、失敗してしまった。

ヒトラーが政権を獲得した三三年は、アドルノは、後ほど彼の妻となるグレーテル＝カルプルスのもとですごし、作曲や作曲技法的諸問題、とくに対位法の問題に取りくんで、時をすごした。それから後、ベルリンの『フォス新聞』に接触し、批評家の職をあてにし、その新聞にのせてもらうつもりでずいぶん書いた。が、その新聞も一九三四年春、発行を中止することによって、彼の希望も駄目になってしまった。

イギリスへの亡命

「なんとしてもドイツに留まっていたかったものですから、そういう可能性にしゃにむにしがみついていたのでしたが……事がもう全然どうにもならなくなって、可能性も次から次へと、ほんのちょっとしたことさえ残されていないとなってしまっては――音楽の個人授業をすることさえ私には非アーリア人だけを相手にしかできなくなってしまって――やっぱり出ていく決意を固めないわけにはいかず、春先にロンドンに向かったのでした」と、このようにアドルノは後ほど（一九三四年一〇月七日）、音楽上の友人クシェネクに宛《あ》てて書き送っている。

こうした間に、アドルノを悲しませたことは、三五年六月二六日、叔母のアガーテを亡くしたことであり、三五年一二月二四日、師であり、友人であったアルバン゠ベルクが死去したことである。反面、祝福さるべきは、三七年九月八日、グレーテルと結婚したことである。それは、「批判理論」を象徴するホルクハイマーの「伝統的理論と批判理論」が世に出た年であった。

アメリカ亡命

ニューヨークへの道

一九三七年秋、すでにアメリカに亡命し、ニューヨークのコロンビア大学と関係をもっていたホルクハイマーから、アドルノは招きをうけた。ラジオ・プロジェクトに協力する用意があるなら、ただちにアメリカへ移住する可能性があるが、どうか、というものであった。アドルノは、なおドイツへの帰還に未練を持ち続けていたのであったが、熟慮ののち、ともかくもホルクハイマーの招待で数週間ニューヨークに滞在し、アメリカを体験したのであった。オックスフォードで三年間、独学ではあるがある程度英語を勉強していたものの、ラジオ・プロジェクトの何たるかさえ、十分には知らなかった。

が、ともかくも一九三八年二月、ニューヨークへ移住し、ポール＝F＝ラザースフェルト（一九〇一～七六）に率いられるプリンストン大学「ラジオ調査プロジェクト」の音楽部門臨時部長としてつとめることになった。アドルノはここで、社会研究所の専任所員として参加することにもなる。

ラザースフェルトは、オーストリアのウィーンに生まれ、ウィーン大学で心理学を専攻して学位をとり、心理学の講師をしていた。当時、マルクス主義に傾き、社会主義運動にも参加していた。実証主義で有名ないわゆる「ウィーン学団」に近かった。そのころウィーンは、新しい音楽の中心であったばかりでなく、実証主義の首都でもあったのである。アルバン＝ベルクのもとで勉強していたもののアドルノは、ウィーン学団のことはほとんど知らなかったし、ラザースフェルトとの出会いがあったにしても、両者の間には何の共通性もなかった。というのも、アドルノが思索の人であるのに対し、ラザースフェルトは実証主義的経験を主にする研究者であるからである。この点から、ラザースフェルトがアメリカの構造的精神的風土に適応できたのに比し、アドルノはその風土にとけこみえなかったであろうことが、予想されるのである。アドルノは、このラザースフェルトのもとで、はたらくこととなったのである。

仕事と研究の苦難

これよりさき、コロンビア大学（学長N＝M＝バトラー）の好意によって、研究所（国際的社会研究所）が設立され、アメリカへ亡命してきた社会研究所のメンバーは、ここで研究やゼミや講義をすることになった。アメリカでの最初の大きな共同研究で、三六年パリで発行される『権威と家族に関する研究』も、こうした背景のもとで成立するのである。研究所のグループの大部分は、こうした間にアメリカの市民権を取るのであるが、アメリカでの彼らの居心地は、必ずしも快いものではなかった。研究所の財政的運営が苦境にあるということもあったが、なんといっても精神的な苦悩は、経験的研究にのみ凝り固まったアメリカ社会学者との隔たりであった。彼ら社会学者は、社会研究所のマルクス主義的な過去を知り、それに違和感をいだくようにもなった。

アメリカ社会は、ブルジョア社会の全体的な展開のなかにあって、疑いもなくその頂点に達していた。アメリカ資本主義は、資本主義以前の残りものなしに、いわば完全な純粋さで展開し、いまや流通の市場を必要としない少数独占の支配となっていた。そこでは、体系に直接支配されない個人的な意識や自由は、もはやイリュージョンであった。そこでは、直接的に有用であるか否か、価値（交換価値）があるかどうかが、問題であった。科学は経験的データによる測量的数量化ないし統計的分析によってその明瞭《めいりよう》性が証明されるという原則にもとづき、いわば哲学的批判的思惟《しい》にその機会を許さないものであった。

だがヨーロッパ人であるアドルノは、精神的問題において順応するには、不適格な人間であった。彼にとっては、徹底的な思弁が問題であり、事実の探求・整理・分類にもとづく情報化ではなく、諸現象の解釈ないし批判が問題であった（大久保健治訳『批判的モデル集II――見出し語』「アメリカにおける学問上の諸経験」）。そこに、アメリカ流の管理的経験的社会調査とアドルノの取る批判的社会調査との相違があった。「プリンストン・リサーチの枠内においては、もちろん批判的社会調査の余地は皆無であった。ロックフェラー財団から出された設立許可書は、調査が、アメリカにおいて定着した商業放送の枠内で遂行されるべきことを、明確にうたっていた」（同上）。そこでは、ヨーロッパ的な認識批判的意味の方法ではなく、実践的調査技術の方法が問題であり、それがアドルノにいらだちと不安を与えたのである。「アメリカの科学においてはほとんど自明なものとみなされている思惟習慣と、彼は衝突してしまった」(同上)。音楽作品を流し、気に入ったものと気に入らないものとを、ボタンを押すことによって記入させるとか、あるいはアンケート用紙やインタヴューによって質問するといった方法が、アドルノを狼狽《ろうばい》させた。「科学とは測定である」という原理を無差別に適用するという量的調査方法優位の掟《おきて》は、アドルノの本質からとうてい順応しえぬところであった。こうした類の疑問が山をなす目前で、「アメリカの音楽生活、とりわけ放送制度についての観察にたっぷりと浸り、用紙の上に定理・命題を記すことは記したものの、だが少なくとも急所を射る形で、それをアンケート用紙とインタヴューの型にスケッチすることは、アドルノには不可能であった」(同上)。

挫折

こうしてアドルノは、その意図をほとんど理解されず、協力者や助手の間で、協力よりはむしろ懐疑に出会わねばならなかった。そもそも彼らは、ヨーロッパ人に対して疑念を抱いていた。アドルノが社会批判的な考え方をとっていても何一つ鼻にかけたわけではなかったが、アドルノのある種の教養が彼らには傲慢に見えたのである。彼らは解釈者ないし批判者としてのアドルノの意とするところはほとんど理解せず、アドルノを非科学的な社会的注釈者とみなし、彼にある種の憎悪をさえいだいたのであった。疑惑は容易に思惟的精神に対する疑惑へと一変し、精神の独立と自律が承認されることはなかった。

経験、数量化、統計的データ、効果、交換価値といったものを問題にするアメリカ的な仕事や研究に適合できない移住者、ヨーロッパ的ドイツ的思索の人アドルノの不安定という立ちは、ついに彼を挫折《ざせつ》においこまざるをえなかった。科学、市場、広告、数量、価値……が相互にまじりあうこの種の研究は、アドルノにとっては、客観的真理にかかわることなく、商業的損得、交換価値をことする市場に方向づけられるものなのである。そこには、批判的社会研究の場所はほとんどなかった。

かくして、ついにロックフェラー財団の決議は、ラジオ・リサーチ・プロジェクトの音楽部門に対する財政上の支持を打ちきることとなった。ラジオ調査プロジェクトは、最後には応用社会調査局へと発展し、アドルノの役割は一九四一年をもって終結するのである。

もちろん経験的研究がまったく無用なものであると、アドルノは考えたのではない。のちほど彼は、アメリカでの学問上の諸経験について、こう語っている。「経験的研究は正当なものであるにとどまらず、それは不可欠なものに思われます」。「だが経験的研究を実体化し、それを普遍的鍵とみなすことは許されません。経験的研究はとりわけ理論的認識のうちに、喜捨を求めて歩かなければならないのです。理論はひとたびデータが意のままになるやいなや余計なものとなる、たんなる運搬手段ではありません」（同上「アメリカにおける学問上の諸経験」）と。

すでに第二次世界大戦ははじまっていた。ロックフェラー財団からの援助を取りあげられたアドルノは、一九四一年、ニューヨークを去って、すでにホルクハイマーやポロックが移住していた南カリフォルニアへ向かうのである。四一年といえば、それはまた、一一年前にホルクハイマーが企て、三二年にその第一号が出された『社会研究誌』の発行が中止され、さまざまな科学的部門の総括によって歴史的経過の理論にいたろうとするプログラムが挫折したときでもあった。

世界大戦勃発《ぼっぱつ》前の独ソ不可侵条約（ヒトラーとスターリンとの間の条約）の調印は、アドルノにさほどの影響を与えなかったとはいえ、ソ連邦においても権威的国家が労働運動に対してさえ勝利を手に入れたことを示すものであった。それは、現存する支配関係を批判することによって歴史的進歩の主体たるべきプロレタリアートが、マルクスによって示された歴史過程でのこの役割の喪失を示すものであった。アドルノは、歴史の可能的主体としてのプロレタリアートを信用していたわけではないが、ともかくも批判的理論は、いまや決定的にみずからの歴史的主体性を喪失したのである。

独ソ不可侵条約

挫折といえば、アドルノが大きな影響を受けたベンヤミンは、大戦勃発の翌年、既述のごとく、フランスからアメリカへ逃れようとして、ピレネー山脈を越えてスペインに入国しようとしたさい、スペイン国境警備員に阻止されて、服毒自殺をしてしまった。ニューヨークでこのニュースを手にしたアドルノは、哲学が期待しうる最良の部分がこの死によって奪われてしまったと、嘆いたのであった。

アメリカで学んだこと

アドルノは、アメリカにおける量的思惟に直面して苦悩した。しかし、経験といわれるものの重さを、彼は、アメリカにおいてはじめて真に経験した。社会学や社会学者にとって経験の重要なことを体験したのであった。

つぎに、アメリカという新しい世界、いわば前資本主義的残存状態をもたない、純粋に資本主義的極北に到達している世界にあって、文化をヨーロッパ性を脱した外部から見る能力を獲得しえた。ヨーロッパにおけるアドルノにとっては、精神の絶対的重要性は自明のことであった。が、精神的なものに対する暗黙の敬意が支配的でないアメリカにおいては、かかる自明性が絶対的なものとして通用しないことを、アドルノは教えられた。

そして、アドルノにとって何よりも重要で幸運だったのは、民主主義的体験であった。民主主義は、アメリカにおいては、生活のなかに浸透していた。そこでは民主主義の政治的形式は、無限と言えるほど人間に身近なものとなっており、ヨーロッパにおいてはほとんど見られない真の人間性の可能性を、親しく知りえたのである。これに比しドイツでは、民主主義は、形式的ルールの域を脱してはいなかった。とくに一九三三年から四五年にかけてドイツにおいて爆発した悪意、嫉妬《しっと》といったものを思いうかべるならば、アメリカの心的風土は、まさに極度に対照的なのである。アドルノはいう。「おそらくアメリカは、無限の可能性の国ではないかもしれませんが、ただ何事も可能であるとする感情を、人々はつねに抱いております。たとえばドイツにおける社会学的予備研究において、われわれはいまだ民主主義に対して成熟していないとする被験者の発言に繰り返し遭遇しますが、このように際立って若い、いわゆる新世界においては、支配欲と同時に卑下をこめたかかる発言は、考えようのないものかもしれません。だからといってわたしは、アメリカが全体主義的支配形式へ一転する危険から、不死身であるというつもりはありません。かかる危険は現代社会一般の傾向のうちに、横たわっているのです。だがアメリカにおいてファシズム的潮流に逆らう抵抗力は、任意のヨーロッパの国々におけるそれより〔イギリスは例外として〕、おそらく実際により大きなものでありましょう」（同上、「アメリカにおける学問上の諸経験」）と。カリフォルニアへ移ったホルクハイマーやアドルノは、カリフォルニア大学バークレー校の研究者グループと共同の包括的研究をするのであるが、それを可能にしたものは、まさに民主主義的精神にもとづく協同であった。それは、アドルノの思わくによれば、いかなる摩擦も、抵抗も、学者間の競争も知らないものであり、ヨーロッパにおけるアカデミックな伝統との対照において、彼がアメリカにおいて知った恐らくもっとも実り豊かなものであった。

トーマス＝マンを魅了させた音楽的才能

戦時中、ホルクハイマーやアドルノと同じくアメリカに亡命していたトーマス＝マンは、自分の音楽小説『ファウスト博士――一友人の物語るドイツ作曲家アードリアン・レーバーキューンの生涯』の構想のため、音楽上の知識の助言者を求めていた。当時、マンは、南カリフォルニアのロサンゼルスに住んでいたが、アドルノも四一年らい、ホルクハイマーのいるここへ移住してきていた。マンのすぐ近くに住んでいた。四三年七月のはじめのころである。マンのやっている仕事を知っていたアドルノは、バーレ（Bahle）の『音楽的創作における霊感』という本を、マンによせたのであった。マンはこの本に強くうたれるが、ほぼ二週間後、アドルノはこんどはアドルノ自身の『現代音楽の哲学』という論文を送った。これが、いたくマンを感激させたのである。「この論文には、じっさい、なにか『重要なもの』が書かれていた」と、マンはそのときのことをこう書いている。「わたしがそこに見いだしたのは、きわめてすぐれた進歩性と精緻《せいち》と深さとを兼ね備えた、芸術的・社会学的な状況批判だった。それが、わたしの作品のイデーにたいし、わたしがそのなかで夢中になって生きていた『作曲』にたいし、きわめて固有の親近性をもっていた。『まさにこの人だ』と、わたしは心のなかで決めたのだった」（トーマス＝マン著、佐藤晃一訳「『ファウスト博士』の成立」新潮社）。

トーマス＝マン

また、マンは、アドルノの印象を、こんなふうにつたえている。

「この注目すべき頭脳の持主は、哲学を職業にするか、それとも、音楽を職業とするかということの決定を、これまで終始拒否してきた。彼にとっては、自分がこの二つの異なる領域のなかで実は同一のものを追求しているのだ、ということは確かすぎて疑えないことだったのである。彼の弁証法的な思想方向や社会的・歴史哲学的傾向は、今日ではかならずしも彼独自のやり方とは言えないであろうが、時代の問題性に基づいたやり方で、音楽的情熱とからみ合っている。……わたしには、アドルノの作曲についてうんぬんすることはできない。が、伝統的なものについてのかれの知識、つまり音楽上の在庫品の全体についてのかれの精通ときたら、まったく法外なものだった。かれといっしょに仕事をしていたあるアメリカ女性の歌手が、わたしに言ったことがある。『信じられないんですが、あのひとは、世界のあらゆる音符に通じているのです』と」(同上)。

啓蒙（文明）の野蛮化の省察――『啓蒙の弁証法』

啓蒙の光と影

一九四一年、ニューヨークから南カリフォルニアへ移住したホルクハイマーとアドルノは、共同して、西欧文明に関して、その光と影について省察することになる。

省察を凝集させる背景

ホルクハイマーとアドルノのこの共同省察の成果が、一九四七年アムステルダムから世に出た『啓蒙の弁証法』である。この著は、「何ゆえに人類は、真に人間らしい状態へ進むかわりに、一種の新しい野蛮状態へ落ちこんでいくのか」という、序言の言葉に象徴されている。このような言葉、このような内容へ彼らを凝集させた背景には、神話的・野蛮的なファシズムの台頭があり、スターリン主義への懐疑があり、第二次世界大戦の勃発があり、プロレタリアートの無力化がある。また、亡命地アメリカでの近代文明の暗い影（大衆的文化や大衆操作）があり、さらにまた、反ユダヤ主義やユダヤ人に対するファシズムの苛酷《かこく》な迫害があった（アメリカにおいても、反ユダヤ主義の風潮が存した）。一九三九年、『社会研究誌』所載の「ユダヤ人とヨーロッパ」において、ホルクハイマーは怒りをこめて、大胆不敵な暴力の非人間性を、神格化されるにいたっている現存在に対する崇拝の念の拒否を、訴える。そして、「今必要なのは、結局のところ、先行した諸事件を理論的に洞察し、伝達することとそれ自体なのだ」というのである。

それにしても人類は、啓蒙ないし文明化の果てに、どうして逆に野蛮状態（ナチズムはその最たるものである）へ落ちこんでいくのか。

『啓蒙の弁証法』への道

第二次世界大戦の開始、同志ベンヤミンの自殺、マルクス主義集団とみなされたホルクハイマーやアドルノに対するアメリカでの冷たい反応、同志たちの四散や生活苦……などといった暗い影が、ホルクハイマーやアドルノの周りに漂いはじめていた。彼らはかつて戦闘的唯物論者あるいはマルクス主義者として、プロレタリアートや現代の意識に蜂起《ほうき》の期待をよせたのであったが、彼らのその信頼はうすらぎ、放棄されざるをえなくなっていった。また、革命後の社会主義国家は、スターリン主義に象徴されるごとく、自由であるどころか官僚的圧制という失望的な支配形態を生みだした。もちろん、四〇年代の経過とともに、すでに、ヨーロッパのファシズムの敗北は見通されうるものとなっていた。だが、ホルクハイマーやアドルノらは、科学的・技術的進歩のなかに、ファシズムが征せられても決して克服されはしない全体主義的体制や、理性的啓蒙そのものの退廃の相をみたのである。理性的啓蒙や市民的文明の自己崩壊、野蛮への顚落《てんらく》、といった現状に直面しては、『啓蒙の弁証法』の序文にいうごとく、「思想はもはや、時代精神の習性や方向にどこまでもいい気についていくことを、きっぱりと拒否しないわけにはいかないのである」（徳永恂訳による。以下の引用も同訳によるか、あるいはそれを参照した）。

かくて、文明ないし理性的啓蒙の堕落過程（自己崩壊）の由来をたずねようとするこの『啓蒙の弁証法』は、反省的省察という性格をとることになる。その省察は、社会的変革の問題ではなく、自然と人間との関係であり、自然支配の問題であり、そこで重要な意味をもってくる理性による支配の問題である。つまり、そのような支配の道を辿《たど》って袋小路に追いこまれた歴史的理性の、批判的省察なのである。そこには、三〇年代のオプティミスティックなあるいは戦闘的な批判から、ペシミスティックなあるいは諦観《ていかん》的な相への転身がうかがわれるであろう。

『啓蒙の弁証法』の目ざすもの

「今日の人間が陥った自然〔野蛮〕への頽落《たいらく》は、社会の進歩と不可分のものなのである。経済的な生産性の向上は、一方ではより公正な世の中のための条件を作り出すとともに、他方では技術的機構とそれを操縦する社会的諸集団とに、それ以外の人民を支配する計りしれぬ優越性を付与する。個々の人間は、経済的諸力の前には完全に無力であることを宣告される。そのさい経済的諸力は、自然に対する社会の支配力を想像を絶する高さにまで押しあげる」。

こうして、科学的・技術的な進歩は、もはや飢えや戦争や抑圧のない世界が夢ではないような状況にまでおし進められた。にもかかわらず、他方で人を悧巧《りこう》にすると同時に白痴化し（精細な情報やどぎつい娯楽の氾濫《はんらん》がそれである！）、幸福をもたらすはずの財が不幸を招く要素にもなる。フォルクスワーゲンやスポーツ殿堂は、現実の害悪を押しかくすイデオロギー的カーテンになる。こうして文明の進歩は、一方で、自然に対する社会の支配を高度に高めるとともに、他方で、技術的・実用的意識を生みだし、それは、真理、自由、正義、ヒューマニティといった人類の理念を、単に言葉上の非現実的なものにしてしまう。そこにまさに全体主義の地盤が準備される。この、啓蒙の自己崩壊の認識、この認識の促進、それがこの『啓蒙の弁証法』の目ざすところなのである。理性あるいは啓蒙が、すでにそれ自身のなかに逆行ないし自己崩壊の萌芽《ほうが》を有しているとするならば、ホルクハイマーやアドルノがここでいう「啓蒙」は、いわゆる一八世紀の運動に限定されるのではなく、「呪術からの解放」という包括的な、いわば原点的な意味での啓蒙を意味するのである。

啓蒙の概念

啓蒙とは？

「啓蒙」とは、世界を呪術から解放し、神話を解体し、合理的知識によって空想の権威を失墜させ、もって人間を自然に対する支配者の地位につけ、人間の自己保存を目ざすものであった。人間の自然支配とそれによる自己保存、それが啓蒙の目標であった。F・ベーコンのいう「知は力なり」の力は、そういう脱呪術化、脱神話化の力であり、人間の自然に対する優越性と自己保存を可能にし、保証するものであった。

呪術からの解放

呪術からの解放とは、質的に多様なあらゆる存在にマナ（超自然的霊力）が宿って活動しているとする、アニミズムの根絶である。アミニズムの原始的な段階にあっては、神と人と物とは、ともに生ける自然の一部として、相互に融合しあった親和の関係にあった。そこでは、それぞれは、相手を模倣し相手に同化するはたらきにより、のりうつり、のりうつられる関係によって、相手に直接影響を及ぼそうとするのである。それがいわゆるミメーシス（同化的模倣活動）である。そこでは、自然は質的に多様で、バラバラで、質料とか素材とかの意味をもっていない。外部の風や雨や蛇、あるいは病人の内に巣くう悪霊をはらう場合には、働きかける主体の統一もなければ、働きかけられる自然の統一もない。

が、やがてこういう融和・親和の関係は崩れていく。ミメーシスにあっては、自然と精霊、主体と客体とは未分化であったが、やがてそれが分離しはじめるのである。マナの宿っているものと、そうでないものとの区別とか、特定の場所への神がかりや神宿りなどがそれであって、そこで、自然と精霊、主体と客体との分離があらわれはじめる。言語においても、最初、何かに対する恐れの叫び声がそのものの写しであったのが（形象と記号との合体）、やがてそのもののしるしとなり、ついでそうしたものの一般を指示する独立の記号となる（記号と像との分離）。犠牲において、身代りのいけにえは、一般的なものの類例としての代替物となっていく。「女の児の身代りには牝鹿が、初出児の身代りには山羊が奉納されなければならなかったが、この場合、そういった供物は、まだ固有の質をもっていたにちがいないにしても、すでに類を代表していた。それは任意の類例という性格をおびていた」。そこには、自他の区別・同一を考え、比較考量していく比量的・弁別的論理(diskursive Logik)への第一歩があらわれている。それは、原初的な啓蒙のおこりともいえよう。

神話はすでに啓蒙である

やがて自然を擬人化した神話的神々があらわれてくる。超自然的なもの、精霊やデーモンたちは、自然的なものに恐れおののく人間の心の投影である。神話とは、できごとを報告し、名付け、起源を言おうとするものであった。が、それとともに神話は、叙述し、確認し、説明を与えようとした。この傾向は、神話が文字によって記録され、文書として収集されることによって強化された。が、早くも神話は報告から教説へ転化する。どんな儀礼にも、事象についてのある観念、つまり呪術によって左右さるべき特色の過程についての観念がふくまれている。儀礼の持つこういう理論的要素は、諸民族のごく初期の叙事詩のうちで独立した。悲劇作者たちが目のあたりにしていた神話には、すでにベーコンが目的として讃美したあの学問と力の徴《しる》しがあらわれている。「地方的な神霊やデーモンたちにかわって、天と、それを頂点とする階層秩序が登場していたし、呪術師や部族が行う悪魔払いにかわって、くわしく格式づけられた犠牲の方式と、命令の下に統制された奴隷の労働とが生まれていた」。「ホメーロスにおいても、ゼウスは白日の天の長であるし、アポローンは太陽を操縦している」。神々は分離・独立してみずからを区別する。

こうした神話のプロセスのなかには、すでにロゴスがあり、ロゴスによる体系化の原初が見られ、秩序や統一や支配・隷従がうかがわれ、ミメーシス的・呪術的な質とロゴスとの分離があらわれている。存在は、ロゴスと外部に積みあげられていく事物や被造物の集積とへ分裂する。「そして人に、海の魚、空の鳥、家畜、野のすべての獣、地を這《は》うすべての虫を治めさせよう」（ユダヤの創世記）として、世界は、神の思《おぼ》し召《め》し、神の教説として、あるいは神との約束として、人間の支配にゆだねられる世界に変わるのである。創造する神と秩序づける人間の精神とは同一なのである。そこでは神と人間との区別は、取るに足らぬものに成り下がってしまった。もともと神話の神々は、自然の擬人化であった。かくて、一方に、質的に多様性を持つ呪術時代のあの生ける自然から離れ、それを高所から見わたして支配する統一的主体の覚醒《かくせい》（統一的理性）が、他方においては、質的多様性を奪われて同質となった、したがって量的に問題にされる単なる客体となった統一的自然が登場する。こうして自然は、人間の支配を支える一様的基体となり、呪術時代のあの質的多様性を剝《はく》奪《だつ》された質料的・素材的な統一的客体と成り下がったのである。「太陽を頂点とする家父長的な神話は、組織立てられた言語の総体であり、そこに含まれている真理要求によって、古くからの神話的信仰や民族宗教はその地位から引き下ろされることになる」のである。

ともかくも、こうして神話のなかに、秩序化、統一化、階層化（支配・隷従）、組織化、ロゴス的体系化、主体・客体化がうかがわれるものとして、神話は、それ自身すでに啓蒙であり、優に哲学的啓蒙に匹敵することができるのである。

神話と啓蒙

セイレーンからの脱出

『啓蒙の弁証法』は、ホメーロスの作とされる『オデュッセイア』のなかの巻一二、セイレーンの歌声からの脱出行をたとえにして、神話から合理的世界への啓蒙の進展過程を解明する。そこで、神話と支配と労働との絡み合いが論じられる。

周知のごとく、ホメーロスの『オデュッセイア』は、ギリシャの英雄オデュッセウスが、トロイアの戦いに勝ったのち、海上でさまざまの辛酸をなめ、漂流と冒険の一〇年ののち故郷のイタケーに辿りつき、彼の妻と財産をだまし取ろうとした者たちを征して、最愛の妻と再会し、おのれの家族と領土を回復する、という物語である。「セイレーンの歌」は、その漂泊・冒険譚《たん》のなかの一つのエピソードである。

オデュッセウスとその従者たちの船は、魔女セイレーンたちのいる浜にさしかかる。この女どもは、彼女らのところへ来た人間を、誰彼といわずみな魔法にかけてしまう。もしも知らずにそばへ来た人間が、このセイレーンたちの美しい歌声をひとたび耳にしたら、それに魅せられて命を奪われてしまう。が、オデュッセウスは、女神キルケー（娼婦《しょうふ》的女神）のもとを去る際、彼女からこの難所脱出の忠告を受ける。それは、部下には甘い蜂蜜蠟《はちみつろう》を耳につめさせて歌が聞こえないようにし、ただひたすら船を漕《こ》がせよ。そしてオデュッセウス自身は、歌声を聞きたいと望むなら、歌声に魅せられて身を投じないよう、手足をしっかりと帆柱に縛りつけるよう部下に命令しておけ、という忠告である。オデュッセウスと部下たちは、キルケーの忠告に従い、名うてのこの難所を無事突破していくのである。

神話と支配と労働の絡み合い

オデュッセウスは、二つのことがらによって脱出することができた。その一つは、彼の命令で耳を蠟でふさがれた同行者たちが、渾身《こんしん》の力をふりしぼって船を漕いだことである。彼らは生き残るためには誘惑に耳を貸してはならないし、そのため誘惑の歌が聞こえないようにしなければならない。労働する者たちは、脇目《わきめ》もふらずに前方を見つめ、脇道にそれようとする衝動を、歯をくいしばって、いっそうの奮励努力へと昇華しなければならない。社会はいつもそのように配慮してきた。

いまひとつ、自分のため他人を労働させる領主のオデュッセウスは、セイレーンの歌を聞くが、帆柱に自分の身を縛りつけさせて、歌声の誘惑に陥って身を投じないようしなければならない。それはちょうど後代の市民たちが、自分たちの力の増大とともに身近なものとなった幸福を、それが近づいて来れば来るほど、いっそうかたくなにそれを拒んだのと似ている。オデュッセウスは、こうした試練を通じて、彼自身の生の統一性、自己人格の同一性を鍛えあげて、成人へと成熟を遂げたのである。自己の全一性を保持し自己保存をはかる努力には、つねに自己喪失への不安がまとわりついているのである。

自分では歌声を聞くことのない同行者（労働者）たちは、ただ歌の危険を知るだけで、その美を知らない。彼らはオデュッセウスを帆柱に縛りつけたままにしておく。指令者と自分たちとを救うために、彼らは、抑圧者の生命を、自分たちの生命と一つのものとして再生産する。そして抑圧者の方は、もはや彼の社会的役割から脱出することはできない。彼が自分を実生活に縛りつけた縛りは、同時にセイレーンたちを実生活から遠ざけている。つまり彼女たちの誘惑は中和化されて、単なる瞑想《めいそう》の対象に、芸術になっている。縛りつけられている者は、いわば演奏会の席に坐っている。このようにして先史時代からの訣別《けつべつ》にあたって、芸術の享受と手仕事（労働）とは別々の道を辿る。この叙事詩は、すでに正しい理論をふくんでいる。文化財と命令下の労働とは相互に密接な関連をもっており、そしてこの両者が、自然に対する社会的支配の基礎を形づくっているのである。

市民的知性の原史

セイレーンの歌声を眼前にして、船上でオデュッセウスらによって繰りひろげられるこの光景は、市民あるいは市民的知性の原史として、まさに「啓蒙の弁証法の予感にみちたアレゴリーをあらわしている」。

それは、引きとめようとする神話の世界の誘惑を脱して、自然に対する支配を確立しようとする主体的自我＝市民の努力にみちた形成過程である。そこには、主体の自己保存をはかろうとする契機に対して、それに反抗し、もとの境位へ復帰させようとする自己喪失の契機が、絶えず伴っている。それを断ち切って前進するためには、指揮する者とその指揮にしたがって船を漕ぐ者との集団的な結束が必要となる。つまり自然に対する支配は、社会的な支配となる。その社会的支配は、命令者（オデュッセウス）と服従者（漕ぎ手）、あるいは命令はするが労働はしない主のオデュッセウスと、服従してひたすら労働する奴の漕ぎ手との役割の分化である。一方は、歌に耳を傾けるという美的享受を独占しながら、みずからを拘束することによって自滅に落とし入れようとする誘いから逃れ、いわば知によって感覚的誘惑を断ち切り（禁欲）、支配者として部下に労働を命ずる。他方、部下は、美（歌声）の享受を阻止され、誘惑への危険を免除されて、ひたすら肉体労働に専念し、自己と支配者の自己保存を再生産していく。こうして主と奴は、その社会によってそれぞれ規定され、拘束され、抑圧される。かくして、自然に対する支配＝文明＝進歩は、社会といういわば第二の自然への隷従であり、内的自然の抑圧（禁欲＝人間的自然の硬化・貧困化）によってあがなわれる。

ホメーロス物語の時代と社会

このホメーロス物語の背後には、当時のギリシャの時代と社会が反映されている。支配と労働とが分離している階級分化（侵入した支配階級のギリシャ民族と被支配階級である隷民的原住民）、家父長的社会構成、土地私有制、都市定住化などの時代と社会が。主体と客体（自然）との対立は、支配者が、被支配者を介して獲得する事物と対立することのうちに、その基礎を持っている。比量論理学によって発展させられるような思考の普遍性、概念の領域における支配ですら、現実での支配の基礎上に成立する。そこには、命令によって組織立てられ、自由市民によって規定された生活の体制が表現されている。つまり、啓蒙の進展の背後には、時代と社会の進展が存在するのである。

進歩は退歩へ通ずる

こうした諸関係のもとで、労働から除外される支配者は、不具になることを意味する。彼は、「みずから関わるには及ばない現存在をもはや単なる基体として経験するにすぎず、まったく命令を下すだけの自己へと凝固してしまう」。原始人は、自然の事物を欲望の対象としてのみ経験した。しかし、自然の事物と自分との間に奴隷というものを介在させる主人は、それによって事物に対することなく、自分に代わって誰か（奴隷）に労働させ、事物の加工を奴隷の手にゆだね、事物を純粋に享受する。「オデュッセウスは自己放棄の誘惑にしたがうことができないと同様に、財産所有者として、しょせん労働に参加することも、ひいては労働を監督することも回避する」。他方、従者たちは、「事物の間近にいるにもかかわらず、労働を享受することができない。それというのもその労働は、強制の下に、無理に感覚をおし殺した絶望的な形で行われるからである。奴隷は肉体においても魂においても軛《くびき》につながれたままである」（近代的市民の自由な労働が、資本主義という体制に縛られた強制労働であるごとく）。互いに話をすることのできない漕ぎ手たちは、工場やコルホーズの近代の労働者と同じく、人間的感覚を抑圧して動くように拘束されている。まさに、神話的世界からの脱却という啓蒙＝進歩は、抑圧による人間性の欠如という人間的退歩へ通ずる。

人類の熟練と知識とは分業によって分化してきたが、その人類は同時に、より非人間的な状態へ押し戻される。支配の持続は、生活が技術によって楽になってくる反面、より強い抑圧によって本能の硬直をひき起こすからである。「機械の発展が支配機構の発展へとすでに転化したところでは、そしてその結果、技術のめざす傾向と社会の進む傾向とが……人間の全体的な把握において一つに収斂《しゅうれん》するところでは……進歩の力への適応のなかには、権力の進歩がふくまれており、その都度ふたたび退化への営みがふくまれている。つまりその退化は、不成功に終わった進歩なのではなく、まさしく成功した進歩こそが、実は進歩の反対であることの証拠になる。止まることを知らない進歩のもたらす呪《のろ》いは、止まることを知らない退歩である」。

この退歩は、感覚的世界の経験に限られず、それの支配のため、それからみずからを区別した自主的な知性にも及ぶ。感覚的経験と思惟との分離は、双方の貧困化を意味し、双方とも傷つけられたものとして残される。

生産体制の操作に長年同調させられてきた肉体は、社会・経済、科学の機構がますます複雑微妙になり機械化するにつれて、ますます退化し、貧困化し、無能化し、画一化を強制され、不具化していく。したがって労働者の無力化・退化は、「単に支配者の謀略というだけではなくて、産業社会の論理的帰結なのである」。

神話への啓蒙の逆転

啓蒙は、さまざまの質から量への転換であった。それは、自然の個別的・異質的なものの等質化であり、思惟の抽象作用による普遍化・一般化である。あるいはそれは、自然の数学化、思考の数学化である。それによって数学は、絶対的法廷に祭りあげられる。

が、それとともに、今や事実的・現存的なものが唯一のものと見なされる。かくて現存するものを唯一とする実証主義が、今や啓蒙された理性の裁き手となる。「実証主義にとっては、叡智《えいち》的世界へ逸脱することは、もはや単に禁制とされるだけでなく、無意味なおしゃべりと見なされる」。思考が事実の整理という業務からはなれ、現存するものの圏外に逃れ出ることは、実証的科学主義よりすれば、狂気の沙汰《さた》であり、思考の自己破壊的行為なのである。

かくして、思考を数学的装置へ還元し、あらゆる存在を数学的・論理的形式主義のもとへ従属させるということは、直接に目の前にあるものへの理性の従順な服従によってあがなわれる。こうして、数学的形式主義は、「思考を単なる直接性につなぎとめる。事実的なものこそ正しいとされ、認識はその反復に局限され、思考は単なる同語反復《トートロジー》になる。思考機械が、存在するものをみずからに隷属させればさせるほど、それだけ思考機械は、ますます盲目的に存在するものの再生産という分に安んじるようになる」(傍点筆者)。

それとともに、「啓蒙は神話へ逆転する」。現存する事実的なものの永遠化は、神話的な映像の深長な意味のなかにひとしく言明され保証されているものなのである。さまざまの神話的デーモンやその概念的子孫たちの影響を一掃したはずの赤裸々な現存在が、聖なる性格を帯びるのである。が、それは、かつて先史時代のデーモンたちの属性であった。残忍な事実を生み出した社会的不正が、今日では永遠に侵されざるものとして、ゆるぎなく聖化される。それは、かつて呪いで病気を治す呪術師が、神々の庇護《ひご》のもとで神聖不可侵であったのと何ら変わるところがない。また、個々のできごとを反復として、あるいは循環として説明するのが啓蒙であったが、神話的構想力に反対して主張されたこれらは、それこそ神話そのものの原理なのである。

さらに啓蒙は、運命とか宿命という概念を消去することを目ざした。が、抽象作用によって個々の諸対象が持つ特殊性を精算してしまう限り、それは個々の対象にとって、神話的運命と異なるところがない。

また、古代の運命からの脱却を目ざす努力としての啓蒙は、産業社会への歴史の変貌《へんぼう》とともに、運命的・神話的世界への逆転にさらされるのである。物質的生産における計算ずくの合理的処理方法が、人間にとって計算しきれない結果をもたらすように、理性は、今や決められた目的のみを志向し、その目的のための単なる手段としての道具となり、はかりえない宿命のもとに置かれる。かつて原始時代において、訳のわからない死を説明し正当化するために使われたのが、宿命であった。その宿命が、今や何もかも分かりきった現存在へ移行する。というのは、人間はかつて真昼において、突然の恐怖に襲われたのであったが、今日それと同じように、いついかなる瞬間に突発するかもしれないパニック（恐慌）にさらされている。「市民的な商品経済がひろまるにつれて、神話の暗い地平は、計算する理性の太陽によって照らし出される」が、その氷のような理性の光線の下に、新しい神話的な暗さや野蛮、恐怖が育ってくる。合理的・啓蒙的な支配の強制の下に、人間の労働は、神話の外に連れ出されながらも、支配の下で、つねにまたはかりしれない神話に引きこまれ、神話に左右されるのである。

啓蒙と道徳

問題　自己保存とそのための自然支配とが、啓蒙の原理であった。とすると、その啓蒙の仮借なき追求は、とりわけ道徳に関して、どのような結果をもたらすであろうか。それが、「ジュリエットあるいは啓蒙と道徳」の章の問題である。そこでは、カント（一七二四〜一八〇四）、マルキ＝ド＝サド（一七四〇〜一八一四）、フリードリヒ＝ニーチェ（一八四四〜一九〇〇）という、啓蒙の探求者が取り扱われる。

サドの『悪徳の栄え』　だがカントは、啓蒙家として微温的で徹底を欠く。それに対し、啓蒙の仮借なき帰結を徹底的に追求したのが、サドの『ジュリエットの物語、あるいは悪徳の栄え』であり、ニーチェの「権力意志」論である。それらは、まさに他人による指導（後見）から解放された市民的主体の姿を提示している。

科学を信条とするジュリエットにとっては、神や死せる神の子への信仰、十戒の遵守《じゅんしゅ》、悪に対する善の優位、罪に対する救済など、その合理性を証明できないものの崇拝は、身の毛のよだつほど厭《いと》うべきことなのである。戦闘的啓蒙主義の娘として、ジュリエットはいう。「死せる神ですって！　カトリックの辞書に出てくるこういう自己撞着《どうちゃく》した言葉の組み合わせほど滑稽《こっけい》なものがまたとあるでしょうか」と。学問的証明もないのに承認されていることを嫌悪の的に転換するとともに、逆に学問的証明もないのに呪詛されているものをやりがいのあることへと転換するという価値転倒、それが彼女の独特の情熱である。

ニーチェの強者の道徳

同じようにニーチェは、価値の転倒として、弱者を代弁するキリスト教倫理を非難する。「弱者や駄目な奴は破滅すべきだ。それがわれわれの人間愛の第一命題である。そして人は、彼らが破滅するのに手を貸してやらなければいけない。ある種の悪徳——あらゆる弱者や駄目な奴に対する同情——、つまりキリスト教以上に有害なものがまたとあろうか」と。したがってニーチェは、強者たちと彼らの残忍さを賞讃する。彼らはそこにあらゆる社会的拘束からの自由を享受するのである。安全・身体・生命・安楽に対する無頓着《むとんちゃく》と蔑視、あらゆる破壊・勝利・残忍に耽《ふけ》る楽しみのうちにみられる驚くべき明るさ・豪胆さ、をニーチェは強調する。強さが強さとしてあらわれないことを要求したり、強さが支配たろうとしないことを求めるのは、弱さが強さとしてあらわれるのを要求するのと同じように、ニーチェにとってまったく不条理なことなのである。「自己保存を旨として成長を遂げた悟性が生の法則を認めるとすれば、それは強者の法則である」。ニーチェの教説によれば、「罪があるのはむしろ弱者であり、彼らはずるがしこく自然法則を回避しようとする」。「強者が弱者を圧迫し略奪するために、その全き権利を行使するとき、強者はただこの世界のもっとも自然な事柄を遂行しているにすぎない」。ニーチェはジュリエットと同じく、「犯行の恐るべき美しさ」を讃美するのである。こうして自己保存と支配の行きつくところ、同情は罪悪であり、悪徳そのものである。

文化産業——大衆欺瞞としての啓蒙

アメリカ近代文化への疑念

ホルクハイマーとアドルノは、アウシュヴィッツに象徴されるファシズムを逃れて、アメリカへ亡命したのであった。が、彼らがアメリカで体験したものは、必ずしも好意的なものではなかった。それのみか、彼らは、アメリカの近代的な文化そのものに共感を抱くことなく、逆に疑念と批判を向けざるを得なかった。そこに見られるものは、人々の趣味あるいは文化の商品化であり、近代美の俗悪化であった。

技術や社会の分化・専門化にもかかわらず、そこに見られるものは、すべての分化の類似性であり、規格化であり、統一化・画一化であった。映画・ラジオ・雑誌の類は一つのシステムを構成し、それぞれが互いに調子を合わせ、互いに関連しあっている。

映画やラジオは、もはや芸術であると自称する必要はなく、金もうけ以外の何ものでもなく、金もうけ目当てにつくられたガラクタを美化するイデオロギーとして利用される。何百万もの視聴者を相手にする以上、規格的な大量生産となり、その技術、その指導者は、その力をむき出しにすればするほど社会に対する支配力を強化する。技術的合理性は、支配そのものの合理性なのである。

このことは、今や大衆化した個人が、その敵対者である全体的な資本の力に操作され、その力に屈従していくことを意味する。ラジオはすべての人を一律に聴衆と化し、彼らを放送局の流す番組に有無をいわせず吸いとっていく。執行権を握っている者たちは、彼らの消費者像、とりわけ彼ら自身に合わないものは何一つつくらず、何一つ許さない。こうした文化の独占性は、他の経済的諸分野と絡みあい、文化産業での統一化は、政治領域でのいやます統一化の証《あか》しでさえある。こうしてそこに見られるものは、資本の万能であり、資本の勝利である。

もはやそこでは、文化産業がつくりだす作品の内容や意義は関係がなくなり、作品がいかにメカニックに分化していようと、しょせん飽くことなき画一性へと駆り立てられる。何が禁止され何が許されるかは、あますところなく統括され、自由の余地は限られている。文化産業の様式といっても、それは美学的合法則性という意味での様式ではなく、絶対化された他の作品の模倣であり、他の作品との固執された類似性・同一性である。その正体は、「社会的ヒエラルヒーに対する服従」である。文化について語ることが、いつもすでに反文化なのである。まさに完成された今日の美的野蛮。

こうして、自発性とか個性といったものは、空しいものとなる。

没自発性・没個性と非合理な社会重力

かつてカントは、感覚的な雑多の内容を先験的悟性形式（カテゴリー）に関係づける働きとして、図式論（シェマティスムス）を展開した。そこには、まだ主体が期待されていた。が、今やこの主観的・主体的な働きは、産業によって主体から取りあげられてしまった。今や図式を促進するのは、産業である。レジャーにおいては、消費者はプロダクションの提供する図式のうちに先取りされ、その統一的規格にしたがわざるを得ない。大衆芸術においては、すべては「地上のプロデューサーの意識から」来る（もちろんその背後には文化産業の機構があり、あらゆる合理化にもかかわらず非合理的な社会の重力がある）。

今や効果が、目に立つ成果が優先され、その効果も一般的な公式のもとに従属させられる。そこにはすでに「独裁の墓場の静けさがしのびよっている」。

文化消費者たちの想像力や自発性の抑圧や萎縮《いしゆく》が、製品そのものの構想によってもたらされる。「産業社会の持つ暴力は、つねに人間の心の奥底まで力を及ぼしている」。「文化産業が提供する製品の一つ一つは、否応《いやおう》なしに、全文化産業が当てはめようとしてきた型通りの人間を再生産する」。

映画・ラジオ・ジャズ・雑誌などの勝利、つまり文化産業の体制は、いうまでもなく資本の一般法則から由来する。こういう文化産業に、ホルクハイマーやアドルノは、野蛮を見たのであった。

娯楽産業による大衆の無力化と操縦　文化産業の基本的要素をなすものは娯楽であり、文化産業は娯楽を基礎にしている。その娯楽は、今や上からつかみとられ、時代の花形へと押しあげられた。こうして芸術は消費領域へ移され、商品化され、市場に指図されることとなった。文化産業はこうして娯楽を媒介にして消費者を操縦する。

娯楽は、後期資本主義下における労働の延長である。つまり、機械化された労働過程を回避しようと思う者が、そういう労働過程に新たに耐えるために欲しがるものなのである。しかし楽しみに耽るということは、現状の承認であり、社会の弁護であり、苦しみがあってもそれを忘れそれを考えないということである。社会の動きの全体に目をふさぎ、自己を愚化し、自己を無力化することである。悪しき現実からの逃避ではなく、悪しき現実への抵抗からの逃避である。「人びとは何を欲しているのか」という問いは、人びとの主体性剝奪を狙《ねら》いとしながら、ほかならぬ人びとが思想の主体であるかのように呼びかけるごまかしである。人びとは娯楽産業によってしつけられるままに、唯々諾々としたがっていく。こうして文化産業は、消費者の欲求をつくり出し、彼らを操縦することができるのである。欺かれた大衆は、自分たちを奴隷化するイデオロギーにしがみついている。

ラジオや広告によるファシズムへの道　聴衆から料金を徴収しないことで、ラジオは特定の利害や党派を超えた構成という欺瞞《ぎまん》的形式を獲得する。それこそファシズムにとって、おあつらえ向きとなる。ラジオは、総統があまねく呼びかける口となる。つくり出されたカリスマ的総統の演説は、ラジオを通して響きわたり、絶対化された言葉は、勧誘を命令にし、やがてホロコーストの命令ともなっていく。

文化産業は広告と融合する。今日、支配的な趣味の理想は広告によって与えられ、広告は独占下でますます万能のものとなる。かつて自由競争社会にあっては、広告は、売り手と買い手の間をつなぎ、買い手の手引の役割を果たしていた。だが今日では、広告は、消費者たちと巨大コンツェルンとのつながりを強化し、体制の支配を守るものとなっている。やがて繰り返される宣伝と、全体主義的スローガンが結びつくことになる。

反ユダヤ主義の諸要素

課　題　ナチズムは、ユダヤ人の慣習を模倣して見せることによって、民衆の模倣衝動（内的自然）を喜ばせ、かっさいを得た。問題はドイツ民族とユダヤ民族という二種族間の争いであると宣伝した。戦争は相敵対する種族間の争いであると宣伝され、きわめて強い戦闘的衝動がよびおこされた。そこでは、敵である種族は、人間よりも低級な種族、したがって単なる自然と見なされる。この、外なる敵対的自然と闘うため、内なる自然（本能・衝動）は巧みに利用され、操られ、支配される。こうして、外なる敵（種族）へ向けられた内なる欲望（自然）は、そこで抑圧された欲望の解放の喜びを味わい、外の敵対的自然を抑えた文明の擁護者という、うぬぼれの喜びを得る。

こうしたナチズム的操縦・支配の犠牲となったのが、まさにユダヤ系民族であった。以下の論は、この反ユダヤ主義に対する、ホルクハイマー、アドルノの怒りにみちた分析（啓蒙の行きついた野蛮の分析）である。

大衆憤懣のはけ口

民衆にとって、民衆運動のレベルでの反ユダヤ主義は、何の利得もなかった。それは、盲目的な不満のはけ口としての、いわば無意識的な反応にすぎなかった。ユダヤ人の財産を没収してそれをドイツ人に再分配するという民族主義的な救済政策にしても、利得はほとんどなく、大衆が当てにしたものは、事故の憤懣《ふんまん》がそれによって聖化されることであった。憤懣は無防備さのめだつ者へ向かって爆発する。反ユダヤ主義によるユダヤ人に対する迫害や虐殺は、文明のうちに深く存在する苦悩の気晴らしなのである。そしてそれは、家族や祖国や人類を救うためといった詭弁《きべん》的イデオロギーによって鼓舞される。そこでは、正しい省察や認識や真理は無力である。暗い衝動が、彼ら反ユダヤ主義者をあますところなく占有する。「盲目性は何ものとも明確に把握しないがゆえに、すべてを包みこむ」。こういう反ユダヤ主義こそ、まさに支配の側には好都合なのである。それは不満をそらせるはけ口として、テロリズムの拠《よ》りどころに利用される。みたされぬ幸福へのあこがれ、空手形にすぎない人権に対する怒り、こうした願望像のため、支配者は反ユダヤ主義を利用するのである。

宗教的敵意　民族主義的な反ユダヤ主義は、問題は国民の純血なのだと主張する。しかし、二〇〇〇年にわたって人びとをユダヤ人迫害へ駆りたてた宗教的敵意をまったく消し去ってしまうのは、難しい。むしろ反ユダヤ主義がよりそっている宗教的伝統を否定して純血主義の主張に躍起になればなるほど、それは、反ユダヤ主義の内部に宗教的敵意が潜んでいて、それをカムフラージュしようとすることを証示するものである。したがって反ユダヤ主義からの社会の解放は、根深い病的憎悪の内容が概念化され、その無意味さが悟られるかどうかにかかっている。

ミメーシス（模倣）本能のはけ口　文明は、本来のミメーシス（模倣）本能行為のかわりに、まず呪術的段階では、ミメーシスの組織的コントロールを、そして結局、歴史的段階では合理的な実践つまり労働を置きかえた。技術的進歩は、ミメーシス的な生存様式を追放し、それへ復帰する可能性を奪ってきた。教育は、人間たちをば労働する者の客体処理様式において強化させ、彼らがふたたび周囲の自然に同化するのを防ぐ。もちろんこうした合理的な技術の勝利とて、恐るべき自然にとってかわった強制力であり、恐怖の支配する状況であることに変わりはないが。だが、あらゆる実践活動には、ミメーシス的遺産が、打ち消しがたくまつわりついている。文明に眩惑《げんわく》された者たちは、タブー化された彼ら自身のミメーシス的性向に身をゆだねる。「彼らはユダヤ人を我慢することができない。それでいて絶えずユダヤ人の真似《まね》をしてみせる」。およそ反ユダヤ主義者のうちで、ユダヤ人の真似をすることが習性となっていないような者は一人もいない。ユダヤ人に対する弾劾と脅迫とが凄《すご》みを増し、狂暴さの度を加えるにつれて、ユダヤ人模倣の哄《こう》笑《しょう》も激しくなっていく。ヒトラーは道化役のようにおおぎょうな身振り手まねでユダヤ人をまね、かっさいを得る。ファシズムはこうして、抑圧された自然的欲求の反乱を、直接に支配のために利用しようとするのである。こういうメカニズムのために、ユダヤ人は必要なのである。ともかくこうして、タブー化された情動が、ユダヤ人に対する画一的な病的憎悪へと転化される。ユダヤ人の犯罪とか、幼児殺しとか、サディズム的蛮行とか、国際的陰謀とかというユダヤ人に対する民族主義的諸幻想が、まさに反ユダヤ主義者の願望する夢を規定する。こうなると、ある人がユダヤ人といわれるだけで、もうその人を虐待しようという誘いになるのである。

注　この『啓蒙の弁証法』に関する論述は、前著『ホルクハイマー』（「人と思想」シリーズの一冊）で述べたものの要約である。

ドイツ帰還

数量や経験や測定やアンケートを根幹にするアメリカの文化や研究は、アドルノには心底からなじむことのできぬものであった。それだけに、静かな思索の許されたカリフォルニア時代の数年間は、実り豊かなものであった。

カリフォルニア時代の実り

ホルクハイマーとの共同作である、さきの『啓蒙の弁証法』(四七年刊)をはじめ、トーマス＝マンを引きつけた『新音楽の哲学』(四九年刊)、後述の『ミニマ・モラリア』(五一年刊)、それに共同研究としての『権威主義的パーソナリティ』(五〇年刊)などのすぐれた著作が、この時期にものされている。ホルクハイマーの『理性の腐蝕《ふしょく》』(四七年刊。六七年に『道具的理性批判』として英文が独訳される)も、この時期の作である。

とくにカリフォルニア大学バークレー校世論研究グループとの共同研究である『権威主義的パーソナリティ』は、社会研究所の批判理論的社会学の視座と世論研究グループの実証的経験的手法との結合によって生みだされた注目すべき社会心理学的分析の作である。したがって、アメリカ的・

ドイツ的作品ともいえるのである。権威主義的パーソナリティとは、（この書のホルクハイマーの「はじめに」によれば）「啓蒙されていながら、同時に、さまざまの迷信につきまとわれており、ひとりの個人主義者であることを誇りとしながらも、すべての他者に一心同体化した存在でなくなることへの恒常的な恐怖にかられており、さらには、みずからの独立性をも疎《うと》ましく思い、力と権威に対して盲目的に従属していこうとする」人間である（田中義久・矢沢修次郎・小林修一訳『権威主義的パーソナリティ』）。そしてこのような人間やその社会が、ナチズムの体制を生みだすことになっていくのである。

この共同研究の第四部「イデオロギーの質的研究」を担当したアドルノは、ファシズム、人種排外主義（自民族中心主義）、反ユダヤ主義、政治経済的保守主義などの反民主主義的イデオロギーに適合しそれらに同調する性格として、このパーソナリティの構造を分析した。

ドイツ語の故国へ帰還

あのアウシュヴィッツの悲劇を生み出した第二次世界大戦も、連合国の勝利とドイツの敗北を見通せるものとなってきた。ヒトラー暗殺計画（一九四四年七月）が失敗したものの、四五年四月末、ヒトラーは自殺し、五月七日、独軍は無条件降伏をした。ついで日本も、八月一五日、ポツダム宣言を受諾して無条件降伏をし、ここに第二次世界大戦は終結をみるにいたった。

四九年秋、アドルノは、ホルクハイマー、ホルクハイマーの親友ポロックらとともに、母国のフ

戦後再建された社会研究所

ランクフルトに帰ってきた。フランクフルト市民の熱狂的な歓迎を受けて。ホルクハイマー五四歳、アドルノ四九歳の働きざかりであった。ホルクハイマーはフランクフルト大学の正教授に復職し、アドルノも哲学・音楽社会学の員外教授に復職し、間もなく正教授に任命される。

が、アドルノにとって何より嬉《うれ》しかったのは、ドイツ語の国へ帰ってきたことであった。彼には、母国語のドイツ語こそ、弁証法的思考を表現するのに最も適した媒体であると信じられていた。アドルノの確信によれば、ドイツ語のみが、現実の現象ないし所与に尽きない何物かの表現を可能にする。そこに、哲学的思索に対するドイツ語の親近性が成立するのである。

社会研究所の再建

戦争によって、フランクフルトの社会研究所の建物は破壊されてしまった。が、ホルクハイマーらの帰還とともに、研究所は再開され、アメリカ諸機関やフランクフルト市の補助によって建物も再建され、五一年の一一月に落成式をみるにいたった。もちろん所長はホルクハイマーであったが、彼が学長に就任して公的に多忙であったことなどから、ことは副所長格のアドルノによってきりもりされた（五六年には、ホルクハイマーとの共同所長となり、五九年ホルクハイマーが定年退職してからは、文字どおりアドルノ所長のもとで運営されていく)。

そこでは、かつてアメリカで体験された経験的・実証的方法が消え去ったわけではないが、ドイツの、そしてドイツ語による思弁的社会哲学のうちに、他国の社会科学に同化されるべきでない意義が見られる。したがって研究所は、新しい経験的・実証的な方法に、ヨーロッパ－ドイツ流の哲学的・社会学的伝統を浸透させることを重視する。ここはいまや、若い哲学者や社会学者などのあこがれの場となり、いくたの俊英を輩出していくのである。が同時に、やがてまた、後述するごとく、六〇年代後半の学生反乱の源泉ともなるのである。

ミニマ・モラリア（小倫理学）――傷ついた生活裡の省察

傷ついた生活の省察

一九三九年、第二次世界大戦がはじまった。そしてそれは、一九四五年、ドイツや日本の無条件降伏をもって終結する。アウシュヴィッツにおける百万余、アドルノによれば数百万のユダヤ人の殺戮《さつりく》、広島・長崎における原爆の投下などをはじめ、それはまさに人類における野蛮の極ともいうべき残酷物語であった。四一年から四九年まで、アメリカ亡命の最後の約一〇年間、南カリフォルニアにあったホルクハイマーとアドルノは、さきにふれたごとく、人類の文明・進歩と野蛮化との関連を『啓蒙の弁証法』として共同で省察したのであった。

が、ホルクハイマーは、大戦の野蛮状態が戦場でうち負かされたにもかかわらず、つまりファシズムという新しい野蛮状態と民主主義との対立が決着を見、民主主義と人道主義が世界を輝かせるべきであるにもかかわらず、また新たな野蛮状態の再出現という不安にさらされている、という。この腐敗の根源を、彼は、今日の産業文明の根底にある合理性のなかに見るのである。この合理性、つまり技術的合理性が拡大するにつれ、個人としての人間の自律性、巨大化する大衆操作の装置に抵抗する力、想像力、独立的判断、といったものは衰え、啓蒙のための技術的手段の進歩には、非人間化の過程がつきまとっている、という。理性の名において、進歩は支持を受けていたが、進歩的・技術的合理化は、まさにこの理性の実体を抹殺し、理性を形骸《けいがい》化・腐蝕化しつつあるのである。大衆の精神、あるいは人間の本性の内部で今日起こりつつある深刻な変化、まさに高度産業社会が帯びている危機的状況、こうした変化の哲学的意味を省察してみようとして、彼、ホルクハイマーは『理性の腐蝕』をものするにいたった。それは、ドイツ語訳『道具的理性批判』(A＝シュミット訳)が示唆するごとく、理性の道具化・手段化(理性の形骸化)に対する批判であった。

全体主義、ファシズムないしナチズム、野蛮の極としての戦争、亡命、高度産業社会……こうした状況のなかで、一九四四年から一九四七年にわたり、亡命知識人アドルノの日常生活の主観的省察として生みだされたのが、この『ミニマ・モラリア』なのである。

注　以下、引用ないし参考に使用したのは、三光長治訳であることを、ことわっておく。
この書を執筆する直接の機縁となったのは、一九四五年二月一四日に満五〇歳の誕生日を迎えたマックス＝ホルクハイマーに対する感謝と変わらぬ友情の証しをしようとしたことにあった(「献辞」)。アドルノはいう。「本書は元来筆者が友と交わした会話を文書化したものであって、この中に出て来る発想は、どれを取ってみても暇を見てそれを言辞に定着した筆者の占有物ではなく、もともとホルクハイマーのものであった」と。したがって本書は、『啓蒙の弁証法』におけるアドルノの関与の下地をなしているであろうし、また逆に『啓蒙の弁証法』という共同研究の影響を受けてもいるであろう。

ところで、「亡命中の知識人はすべて、例外なく傷ついている」のは申すまでもない。「もし彼が、堅く閉ざされたおのれの自尊心の扉のかげで残酷にもこのことを思い知らされるのを避けたければ、自分から進んでこの事実を認めてしまった方がよい」（一三節）と、アドルノはいう。したがって、ホルクハイマーに献げられるこの書は、本書の副題ともなっているとおり、「傷ついた生活裡の省察」であり、「憂鬱《ゆううつ》の学問」とならざるをえないのである。

アフォリズム

「ミニマ・モラリア」は、アリストテレスの作と伝えられる古代の「マグナ・モラリア」（大倫理学）にあやかったものと考えられる（訳者・三光長治「あとがき」）。「マグナ・モラリア」は、ポリス的市民生活の正しい生活の探求を目ざしたものであった。このミニマ・モラリアの関わるところも、かつて哲学の本来の領域と見なされていた「正しい生活に関する教え」であるはずである。しかし、「かつて哲学者たちの考察の対象であった人生は私生活となり、昨今では、たんなる消費生活ということになった。そしてこの消費生活なるものは、自律性もなければ固有の実体もない。物的生産過程に引きずられる一種の付けたりでしかない、というのが実情である。身近な生活の真相を知ろうとする者は、その疎外された姿を見極めなければならない。言い換えるなら、個人生活をその隠微な襞《ひだ》にいたるまで規定しているさまざまの客観的な力を探求しなければならない」（「献辞」）。へたな小説家は、厖大《ぼうだい》な機構の歯車でしかない操り人形のような自作の人物に、主体性を持った人間のような行動を取らせ、彼らの出方次第で事態が変化するような印象を読者に与えている。「人生観などというものも昨今ではイデオロギーの類に堕しているのであって、このイデオロギーはすでにその名に値する生など存在しないのに、その点について人を欺いているのである」（「献辞」）。

　ともかく言語に絶したことが集団の上に起こっている。全体は狂っている。ヘーゲルは敵対関係をはらみながらも全体は調和しているとみなし、全体の優位を疑うことなど考えなかった。そこでは個体化に低い地位を与えざるを得ず、個別的なものの解消に肩入れする。が、アドルノに取っては「真理は全体である」とするヘーゲルとは逆に、「全体は不真実」であり虚偽なのである（二九節）。したがって、「ふさわしい体制を招来するためには、体制に組み込まれていないこと、生産に拮抗《きっこう》する力を失っていないことが、必須《ひっす》の前提となる」のである（「献辞」）。

　こうした狂った全体的体系化のもとで、当然個人は傷ついている。個人的主観性は決定的な危機に陥らざるを得なかった。そこではアドルノは、全体とか体系化への基本的な不信に陥らざるを得ず、ヘーゲルのような抽象的・整合的な体系をもはや求めるのではなく、ただ主観的・私的な反省のうちにあって、理論上の脈絡を断念し、不本意な心意を吐露することとなった。これが、生活に関する教えではなくて、そうした生活の教えの不可能性を示す断片的アフォリズム（箴言《しんげん》）風のスタイルを取らしめることになったのである。彼アドルノは、まさにヘーゲル流の哲学から遠くはなれてしまったことを強調している。主観的に哲学の領域に通じているとはいえ、結論のようなものではなく、そのいずれもが「問題の所在を示唆したり、将来の本格的な思索のためのモデルを示そう」としたのである。「本書に収められた片々たる章句は、それ自体哲学の端くれであるのに、必ずしも通常の哲学の要求を充《み》たしていないという結果になった。この点は、アフォリズム特有のてんでんばらばらのまとまりのなさ、あからさまな理論上の脈絡を断念していることにも現われている」と、アドルノは告白している（「献辞」）。

狂った全体

社会的全体性、全体主義的統一、体制としての社会、画一主義、組織的統一、……といった言葉が、いたるところでくりかえされる。そして、この確立・統合された体制の岩壁は、皮肉屋《イロニカー》が爪《つめ》をかけることができるような裂け目はひとつとして存在しないほど、強固なのである（一三四節）。しかしその体制は矛盾と不合理にみちており、傷ついており、狂っており、嘘《うそ》の塊り（九節）なのである。まさに全体は、いつわりなのである。偽りどころか、アドルノによれば、残虐であり、野蛮なのである。ドイツ人たちのやったことは理解を絶している。それというのもあれだけの残虐行為が、自発的な満足を得るためよりも、計画一点ばりの、おそるべき行政措置の形で行われたというのが事の真相であるらしいから（六七節）。

狂った社会下での人間存在の非人間化　現実の総体的な社会は、個々人をポジティブ（肯定的）に迎え入れるというわけではない。むしろ個々人を押しつぶして御しやすい無定形の群集と化すのである。個人としては、こうした形で自主性・主体性を失わせる趨勢《すうせい》に、恐怖を覚えずにはいられない。が、そうやってたわむれに自己放棄をしているうちに、自我ぬきで生きることが難しいことでないばかりか、楽でさえあることを知るのである。もし周囲に同調しなければ、ひとり取り残され、あとで集団の復讐《ふくしゅう》を招くことになりかねない、という懸念に駆りたてられる。自己保存は自己放棄によってのみ保証され、身の安全は順応によって得られるというわけである。巨大な娯楽設備の経営が成り立ち、どんどんふくれ上っていくのも、娯楽は仲間といっしょにいたいという衝動のはけ口になっているのである（九一節）。

ナチスの一味は、ワイマール共和国を体制呼ばわりして罵倒《ばとう》したのであったが、とかくするうちに世は本当に体制と化してしまった。「理不尽に存続する支配権力はさまざまな強制や制約を人間に課すわけだが、そうした強制や制約をすすんで渇望するような種類の人間がいつの間にか育ってきているのである」。「圧力が大きくなればそれに対する反撥《はんぱつ》力の方は消滅してしまうというのが当今の実情」である（八〇節）。支配権力の常套《じょうとう》手段として、体制に賛成しそれと一体化しない人間を片端から敵方の陣営に追いやるのである。全体主義は、思想上の傾向であれ、人種が異なるということであれ、とにかく毛色の違ったものを敵と同一視する（八五節）。そこでは、時流に便乗しない者は、当然国内亡命をせざるを得ない。あきらめて強大な支配体制の前に膝《ひざ》を屈するのは、この上ない不条理を礼賛する運命の立場であり、不合理なるがゆえに信ずる立場と同様である。それは、生け贄《いけにえ》が果てしなく続出する事態を無条件に是認する運命愛にほかならない（六一節）。「大勢に同調しない者は否応なしに利己主義者になり」（一三八節）、暗黒の世に楯《たて》つく者は体よく蒙昧《もうまい》主義者の烙印《らくいん》を押しつけられる（一四九節）。したがって「現実原則にのっとって生きる自己喪失者は、無私な人間ということになる」（一三八節）。

ファシズムやそれにもとづく戦争において、人間が非人間化され、物象ないしけだものとして取り扱われたことは申すまでもない。しかも死の収容所は、文明の勝ち戦《いくさ》に生じた一寸《ちょっと》した手違いのように扱われ、何百万というユダヤ人の受難は、世界史の大局からすれば取るに足らない些事《さじ》と見なされるのである（一四九節）。

が、アドルノは、資本主義、とりわけ後期資本主義の高度工業社会――その最たるものはアメリカのそれである――において、人間の非人間化、疎外、商品化、物象化をみる。労働力の商品化は、あらゆる人間にくまなく浸透し、人間活動をおしなべて交換関係と化し、人間をそのなかでのものにしている。現在の生産関係のもとにおける生活は、そうした段取りによってのみ再生産が可能なのである。種々の技能を備えた生身の人間が、自分を売りものにしなければならない。ジャーナリストは、自分の体験や信条を公然と売り物にしてはばからない（一四七節）。「現に国家権力は、私的利潤の追求とはかかわりをもたぬものという仮面をかなぐり捨て、かねてからの正体をいまではイデオロギーの面でも公然化し、私的利潤に奉仕するようになったのである」（三三節）。

こうして、どこもかしこも商品だらけの機構となり、人びとはそうした機構の添え物と化してこの機構のなかへ洩《も》れなく組みこまれていく（九六節）。そこでは、人間生活は単なる消費生活となり、生産過程の付録として自律性も主体性もなく、生産過程にただ引きずりまわされる歯車――「ひとり歩きを始めた組織の歯車」（一三一節）――として、正常とみなされる行動様式が規格的量産を目ざすメカニズムの虜《とりこ》となっている。そうした意味での人間の非人間化・疎外・物象化・客体化・野蛮化が進展し拡大している。金儲《かねもう》け一筋のそこでは、交換の利くもの、金になるということがすべてに先立ち、それが文化産業を律している。そのため肝心の主観の表出を目ざす自発的な欲求が、押さえつけられるのである。ドイツの支配層には、一般に金儲けを卑しむ伝統があるが、アメリカではそれに反して、金儲け一筋に徹したデモクラシーがあり、それが反面、経済上の不正や人間の尊厳を損なうような状態の存続に手を貸してもいる。そこでは、交換価値では表わせないような種類の仕事があることなど、思いもよらない（一二五節）。

死の軽視

かけがえのない個人の死は、取りかえしのつかないものである。ところが人間が物化してくると、代りはいくらでも見つかることになり、個人の死は取りかえしのつく出来事となり、取るに足らぬ些事となり、そのようなものとして枠づけられてしまう。さまざまの働きを持った個人の背後には、必ず社会の用意した控えの人間が待機している。したがって待機する人間の目からみれば、現に働いている人間は、はじめから死期が来るのを待つばかりの、しかし当面は自分の働き場を占有している邪魔物でしかないということになる。「こうなると一個の自然な生きものが社会組織から排除されるのが死であり、それ以外の何物でもないというのがその受け取り方になるのだが、社会組織の側に即して言えば結局こうした形で死を飼いならしたのであった。社会の絶対性に引き比べるなら自然な生きものは、絶対的に取るに足らない。ひとりの人間の死はこの事実をいまさらのように思い知らせるのである」。国家社会主義者たちは何百万という人間の上に死者同然の生者の点検を行い、ついで死の量産化と低廉化をもたらした。「決定的なのは、生物学上の破壊が社会の自覚的な意志のうちに取り入れられたことである。死に対しても個々の成員に対しても無頓着になった人類、それ自体においても死んだ人類だけが、お役所仕事の形でおびただしい人間を死にいたらしめることができる」（一四八節）。こうして、昨今の人間は、けだもの同然のあえない死をとげているのである。

合目的的な権力支配が全面的に幅を利かせている世界にあって、それを拒否するのは美の全面的な無目的性であるといえよう（一四四節）。しかしアドルノが他のところ（『プリズム』）でのべているごとく、何百万ものユダヤ人を死に至らしめたアウシュヴィッツの後で、あたかもなにもなかったかのように、芸術を味わったりすることはできない。「アウシュヴィッツのあとで詩など書くことは野蛮である」（竹内豊治・山村直資・板倉敏之訳、『プリズム』）。「この戦争が終われば生活はまた元の『正常さ』に戻るとか、まして文化の復興などというのはそれだけですでに文化の否定であるのに、戦後にまた文化が復興されるであろうと考えるのは、たわけもいいところである。何百万というユダヤ人が殺害されたのであり、……この文化はこのうえ一体何を待ち設けるというのであろう？」（三三節）。

名声のむなしさ

名声をつくり出すことは、今日では、もっぱら金《かね》を貰《もら》って仕事をする宣伝機関の役目になっている。当人や黒幕の利益団体が効果を当てこんでどれだけ投資したかによって、名声は量られるものとなっている。そこでは、一種の異常者のようにみられたさくらも「文化体制の公式の代理人の地位に収まり、世間体の悪い商売ではなくなった」。有名になりたい著作家は、自分の知名度と後世の評判とを自分で演出する。しかしそんなことをしても、計画的に操作された評判や無理に詰めこまれた記憶は無に帰するのが落ちである。有名人たちの熱病を病んだような目まぐるしい動きには、すでにそうしたむなしさの予感が感ぜられるのである。名士たちの心境は明るくなく、銘柄品の一種と化した彼らは、「自身にとってもうとましい理解しがたい存在」なのである。「彼らは僭越《せんえつ》にも一身の栄光を思い思うことで、本来なら事柄にふりむけなければならないエネルギー、そしてそれだけがあとあとまで残るものを作り出すかもしれないエネルギーをいたずらに浪費している。文化産業の花形たちはいったんその座をすべり落ちると、たちまち非人間的な無関心と侮辱の的になるのだが、そうした事の成り行きに彼らの名声なるものの正体が現われている」。こうした形で、知識人は、みずからの内密の動機のはかなさを思い知らされるのである（六三節）。

おわりに――哲学的認識のあり方

アドルノによれば、絶望的状況のなかにありながらもただひとつ、なお責任を負える哲学は、万事を救済の立場から眺められたように考察する試みであろう。救いの境地からこの世に射《さ》しこんでくる光以外に、認識にとっての光明はない。それ以外のいっさいは、「要するにテキストに基づく解釈の類」であり、一種の技術にすぎない。メシアが出現したばあい、その光のなかで、この世はみすぼらしい歪《ゆが》んだ姿をさらけ出すであろう。が、それと同じように、いままで見られていた世が相を転じ、いままでと異なった姿をあらわし、隠れていた割れ目や裂け目を露呈するにいたるような視点が、作り出されねばならないであろう。恣意や強引に陥ることなく、ひたすら具体的な対象物との接触によってこのような視点を得ること、哲学的思惟にとっての重要事は、この一点にしぼられる。それはいとも簡単なことである。というのも、状況は、否応なしにかかる認識を求めており、それどころか全くの否定的状況は、ひとたび眼を凝らしてみられるならば、結晶して反対の場合の鏡文字になるからである。しかしそれは、また全くの不可能事ともいえる。というのもそうした認識のあり方は、たとえほんの僅《わず》かにもせよ、現実存在の縄張りから解脱した立場を前提にしているのであるが、実際における認識はすべて拘束力をもつためには、現実存在から獲得されねばならないばかりでなく、「まさしくそうした現実存在との関わりのために、なんとかして逃げ出したいと思っている現実の歪みやみすぼらしさに自らも腐蝕されているのが実態だからである」。思想は、無条件・絶対なもののために、みずから条件づけられていることに対して目を閉じる傾向があるが、その傾向が激しければ激しいほど、ますます気づかずに、そしてそれだけ破滅的に、歪んだ現世の虜《とりこ》になるのである。「思想は、可能性のためには、自身の不可能性さえもしかるべく理解していなければならない」(一五三節)。

音楽論

哲学と音楽という二足のわらじ

すでに述べたごとく、母と叔母という二人の、いわば音楽上の二人の母に育てられたアドルノは、すでに幼少のころから、音楽上の関心と教養をはぐくまれて、その才能をみがいていった。すでに幼い頃からピアノのレッスンをうけ、作曲を習うという、早熟の音楽家アドルノであった。

大学では、哲学、社会学、心理学とともに、当然のことながら音楽をも修得したが、学位論文を提出するとともに、たちまち音楽の都ウィーンへ走ったのであった。そこで、新しい音楽のグループ、シェーンベルク派の仲間たちと交わり、アルバン゠ベルクに作曲を、またエドゥアルト゠シュトイアマンにピアノを習うのである。他方で、新しい時代の夜明けを意味する前衛音楽雑誌、『アンブルッフ』の編集にもかかわることになる。そしてその『アンブルッフ』に、音楽評論を寄稿するようになる。

やがて二年余でフランクフルトに帰り、哲学を中心にした学問研究に向かうことになるが、『アンブルッフ』の編集は、しばらく続けられるし、音楽への関心がたち切られたわけではなかった。アドルノは、シェーンベルクの表現主義的無調性にひかれたのであって、彼の音楽的訓練の影響は彼の哲学に影を落とし、シェーンベルクの技法に負う「無調」の哲学といえるものになっていく。

すでに、トーマス＝マンのアドルノ観を紹介したが、それによれば、アドルノは、哲学と音楽のいずれを本職とするかの決定をあくまで拒否し、この二つの異なった草鞋《わらじ》をはくことのなかで同一のものを追求したのである。彼の弁証法的思考方向、彼の社会的・歴史哲学的傾向には、音楽的情熱がからみ合っている。それが彼の哲学にうるおいや色調を与えているのであるが、同時にそれがまた、彼の哲学の理解を困難にしている点でもあろう。

文化産業としての音楽的現象

アドルノは、『新音楽の哲学』（一九四九年）の「まえがき」において、本書が、『啓蒙の弁証法』に付加された詳論と考えられたい旨を述べている。

すなわち、資本主義という機構のなかで、商業化された大量生産という現象のなかへ音楽も組み入れられることによって、その機能を、その性格を変移させてしまった。つまり、『啓蒙の弁証法』で述べられたごとく、音楽という文化の商品化であり、音楽における近代美の俗悪化であった。社会的全体性ないし全体的機構の威力にもとづく商品的物化の規格化、統一化、画一化であり、産業的管理化であり、音楽を創造しまた消費するものの想像力や自発性・個性を抑圧し抹殺した美的野蛮であった。そこでは、売れるか否かを問う交換価値という効果が目標にされる。無傷を守ろうと努力するうちに、それが抵抗している物化・商品化を、それ自体のなかから生みだしているのである。「おのれの要求に真に誠実でありつづける芸術が、他律的な現実のただなかで必然的にまきこまれてしまう客観的な二律背反、幻想をすて最後まで熟させるよりほかに克服のしようがないその二律背反を認識すること」（渡辺健訳『新音楽の哲学』「まえがき」）、つまり音楽文化の堕落（まさに音楽文化の反動的野蛮化）をつきとめること、これがアドルノの音楽論の骨子であった。「支配的な不自由のもとにおける進歩の反動的な要素を指摘し、それによって、存続しているものに仕えるあらゆる誤用を仮借なく閉めだす」ことこそ、進歩批判を正当にするものである（同上）。「崩壊したものの肯定的な復帰は、破壊的であるとの烙印を押されたものよりもいっそう根本的に時代の破壊的な傾向に与《くみ》するもの」であり、「われこそは秩序だと宣言するような秩序は、混沌《こんとん》の偽装以外のなにものでもない」（同上）。

このような意味において、アドルノの音楽論は文化批判であり、ゆがんだ文化を生みだした社会批判であり、そうした意味で真理の探求なのである。

文化批判ないし社会批判としての彼の音楽論は、『啓蒙の弁証法』につらなるものとして、当然ヘーゲルの弁証法的方法によるとともに、例えば初期（一九三八）の『音楽における物神的性格と聴取の退化について』が示すごとく、マルクスの影響をうけるものである。また、意識下の無意識に目を向けるものとして、フロイトの精神分析を拠りどころにしているのである。

『新音楽の哲学』

そもそも今日にいたるまで、音楽といえば、市民階級の産物としての音楽しか存在しなかった。「封建制は、独自の音楽を生みだしたことがほとんどなく、つねに都市の市民層から供給してもらっていた」渡辺訳『新音楽の哲学』。プロレタリアートといえば、あの『オデュッセイア』の物語において、船の漕ぎ手たちがセイレーンの美しい歌声が聞こえないようにさせられて、ひたすら船を漕がなければならなかったように、体制のなかで抑圧されて、みずからを音楽的主体に任ずることを拒まれていた。そうでないためには、あらゆる管理のない自由が実現していなければならないであろう。

一九世紀の中葉以来、偉大な音楽は、「実用」とはまったく縁を絶つものであった。それは、管理や自己満足的な欲求とは矛盾するものであった。

が、いまや市民的社会は全体性へとおいやられて、くまなく組織され管理されている。「神聖にして侵すべからざる伝来の音楽そのものが、演奏の性格においても聴き手の生活にとっても、商業的な大量生産にふさわしいものになってしまったのであって、伝来の音楽の実質がその影響をうけずにはいないのである」(同上)。実用ないし利益(交換的価値)という絶対命令が、音楽という特殊領域を屈服させてしまったのである。トーキー、ラジオ、コマーシャル・ソングの時代になって、商業的分別がもっぱら支配し、音楽文化も、大量生産文化に同化することとなった。大衆の耳は、ジャズ、流行歌などの軽音楽の洪水におかされ、音楽的知覚能力は鈍り、音楽をまじめに聴くという精神的集中が不可能になってしまった。

「音楽は飾るべきではない。音楽は真実であるべきである」(同上)。無調性ないし十二音技法によるシェーンベルク中心の新音楽は、この現実に対する批判的態度であり、この現状の認識である。アドルノの『新音楽の哲学』がトーマス＝マンを引きつけたとするなら、この哲学の目ざすものは、またマンのそれであった。文化自体は野蛮に対して憤激しながら、実はもっぱら野蛮促進の手助けをしているのである。とするなら、「ためらいもなく《わたしにはわからない》と言ってシェーンベルクを片づけてしまう人たち」(同上)こそ、もっとも質《たち》の悪い聴き手と考えざるをえない。ラディカルな新音楽は、「伝来のイディオムの商業的堕落に対する反作用」であり、「文化産業が音楽の領域にまで拡張されることへのアンチテーゼであった」(同上)。見せかけの進歩の反動的要素を指摘し、この要素によって存続しているものに仕えるあらゆる誤用を仮借なく閉めだすのである。「ベートーヴェンはわかるがシェーンベルクはわからないという意見は、客観的にいって欺瞞である」(同上)。「ラディカルな音楽が認識するものは、人間の晴らされぬ悩みである」(同上)。「新音楽は、破局にむかう現実に直面して維持されえなくなった調和のまやかしを放棄し」(同上)、「世界の闇と罪のすべてを引きうけた。新音楽の幸福のすべては、不幸を認識することにある。新音楽の美のすべては、美の仮象に身を許さないことにある」(同上)。

音楽の物神的性格

マルクスはいう。人間の生産物が商品となり、交換価値がものの価値を決定するようになると、人間がみずから作った物（生産物）は人間（生産者と消費者）から疎外されて畏敬《いけい》される神（物神）となる、と。それと同じように、音楽的文化財も、現在の資本主義社会にあっては、完全に商品社会にはまりこんで、市場のために作られ、市場の基準に従うことになる。交換価値の原則が、容赦なく人間の手から音楽の芸術的使用価値を奪い、交換価値そのものが、一分の隙《すき》なく目ざされ求められるものとなる。そこで人は、この扮装《ふんそう》された物神の前にひれふす奴隷的消費者として身を投げ出すのである。天上的とか崇高とかいったさまざまの形容詞で飾り立てられ宣伝された音楽を、人は買わねばならないのである（三光長治・高辻知義訳『不協和音――管理社会における音楽』）。「こうした宣伝機能は、本格音楽の分野では注意ぶかく蔽《おお》われているにしても、軽音楽にあっては、いたるところ公然とまかり通っている」（同上）。

売れ行きという効果ないし成果が問題となるそこにあっては、スターの原理が全面的となり、流行歌などの軽音楽がもてはやされて、クラシックと呼ばれる本格音楽に対する社会的優先権を得るにいたる。本格音楽は、商品として聞かれねばならない憂き目にあうばかりかその内容を損なわれ、その売れ行きはどんどんおちて、皆無に近づくのである。そこでは、個人の自由な評価とか選択の権利とかは空語となって、そのための余地は残されていない。「個人の要求なるものがたとえ宣言されることはあっても、見かけ倒しで、始めから規格にはめ込まれている。個人の解消ということが現下の音楽情勢の紛れもない特徴なのである」（同上）。宣伝に美化された売物の差し金は、出版社や、映画業界の大立物や、放送局を牛耳るひとびとに帰せられ、そしてその背景には、産業機構の絶対的な力が存在するのである。

こうして聞き手は、唯々諾々たる買い手の立場になり下ってしまう。成功の僕《しもべ》となった彼らには、かつての反逆の面影は見られず、社会という出来損いの全体に対して批評的にはたらくということもなくなってしまった。硬直した美の全体像が、批評を阻む役回りを演ずるのである。「音楽大衆の意識は、物神化された音楽相応のものである。彼らは型通りのきき方しかできない。もちろんここで抵抗が行われ、聴衆が、彼らの要求において、ともかく提供されたものの枠を越える能力を持ち合わせているなら、物神化という頽廃《たいはい》現象そのものが起こり得ないわけである」（同上）が。

音楽と社会

音楽は、いろいろな意味において社会の反映である。作曲家たちもやはりつねに社会的動物である。それは、音楽ないし作曲家が社会にまったく順応しているというのみではない。社会に批判的否定的に対応することもあれば、時代を前向きに、あるいは反動的に先取りすることもある。そうしたいろいろな意味において、時代を、社会を反映するのである。

アドルノによれば、ベートーヴェンは、革命的市民階級の音楽的原型であり、フランス革命を吹きわたるあの市民的自由運動に対して親近性をもつのである。彼の音楽は、一八〇〇年前後の時代における彼の階級の精神によって媒介され、「勃興する市民階級と呼ばれるあの社会と、あるいは少なくともその自意識および葛藤《かっとう》と、同じ構造をもつのである」（同上）。「彼はこの階級の生まれながらの息子であった」(同上)。彼にあっては、市民革命の喧噪《けんそう》がどよめいている。彼の人類愛の情熱は、その時代、その場所において批判的な内容をもっていた。

「モーツァルトの音楽には啓蒙化の進んだ後期絶対主義と市民精神にはさまれた中間の位置が反響している」(同上)。「ブラームスにも市民社会の個人主義的側面が烙印として捺《お》されていることは陳腐なまでに明白である」(同上)。

これらに反し、ヴァーグナーの音楽においては、民族的なものが影をおとし、それ自体のなかに、いくばくかのファシズムが先取りされている(同上)。彼が「総合芸術に望んだのは、彼がドイツ民族の再生と考えていたもの、すなわちファシズム的な種類の民族共同体のために、それが役立つことであった」。ヴァーグナーが精神に期待していたことを、あのヒトラーが実際の政治で達成しようと試みることにもなったのである(同上)。

そもそも音楽は、アドルノによれば、「市民社会の総体と同様にそれ自身民族的な要素をもっている。その歴史と、その組織形態の歴史は、本質的にいって民族という境界のなかで生じ」(同上)、民族的特徴をもつのである。音楽の普遍性とヒューマニティが、民族的な要素とどれほど深くからみあっているかは、モーツァルトにおいてよく示されている。つまり、彼におけるドイツ的なものとイタリア的なものとの総合がそれである。ハイドン、モーツァルト、ベートーヴェンのウィーン古典主義からシェーンベルク、ベルク、ヴェーベルンの新古典主義にいたる偉大な音楽には、このモーツァルトの理念が、遺産として残されていたのである(同上)。このいわば、一般的なものと個別的特別的なものとの相互作用ないし総合は、民族的イデオロギーの強調によるヒトラー政体によって、故国を追われねばならなかったが。とにかく音楽は、民族の旗印をかかげ、いたるところで民族原理を裏書きすることによって、一九世紀の中葉以来、政治的イデオロギーとなったのである。

現代の社会矛盾と音楽のありかた　今日における音楽の商品化、物体化、大衆的愚昧化、美的堕落化、それこそは、現代の資本主義的社会構造の矛盾の反映である。市場的交換原理にしばられたままであることの現れである。

「途方に暮れた憤りのままに社会を凝視しているのでは、音楽には何の利益《りやく》もない」とアドルノは、次のように訴える。「音楽がその社会的機能をより正確に果たそうとするなら、自分自身の材料で、自分自身の形式原理に従って、自らの技術の最内部の核にまで含まれている社会の問題を表現にもって行くべきである。こうして芸術としての音楽の課題は、社会科学理論のもつ課題とある種の相似を示すことになる」（同上）。「音楽に内在する構造の中にこそ、矛盾した社会が全体として表現されている。……音楽の内部に現れる諸緊張関係は社会の諸緊張関係の無意識な現れである。……この音楽の中には社会の傾向そのものが鳴り響くのであり、全体の利害と個人のそれとの調和を公のイデオロギーが教えている一方で、音楽は両者の相違・離反を告白している」（同上）。「今日ここにおいて音楽のなし得ることは、……社会の矛盾を、自らの構造意識の中に表現すること以外にはない。これら矛盾の力と、社会がそれを克服することの必要性とがより深刻に音楽の姿に表現されれば、また音楽がその形式語法の矛盾の中に社会状況の危機をより純粋に表出し、受難の暗号文のかたちで変革の呼びかけを行えば、音楽はそれだけ優れたものとなろう」(同上)。

「しかし芸術作品は、社会的規範から離れることによって、はじめて社会的威厳を獲得するのであり、最高の生産は社会的規範を否定するのである」(同上)。ベートーヴェンの音楽は、社会的後見から脱して、もはやなにものにも仕えぬという、完全に自律的なものであった。そうした自由において、ベートーヴェンは、市民社会にありながら、それを越えていったのである。

諸哲学思想に対する対応と批判

ヘーゲル弁証法の分析

フランクフルト学派とヘーゲル哲学　ホルクハイマー、マルクーゼ、アドルノなどのフランクフルト学派が批判理論として近代的諸思想を批判し、弁証法の改革を目ざすとき、ヘーゲル哲学は当然ながらその培養源であり、学派の要因であった。すでにふれたごとく、学派が拠《よ》りどころとしたマルクス主義は、ヘーゲル的マルクス主義（西欧マルクス主義）であったし、ホルクハイマーとアドルノは、フランクフルト大学のゼミナールで、たびたびヘーゲルを講じた（アドルノ『三つのヘーゲル研究』序言）。こうしたヘーゲルへの打ち込みから『啓蒙《けいもう》の弁証法』とか、アドルノ後年の『否定弁証法』がものされたともいえよう。以下で問題にするアドルノの『三つのヘーゲル研究』（渡辺祐邦訳）（以下『ヘーゲル三論』と略称）は、『否定弁証法』への道程において、「変革された弁証法の概念を用意する」のである（『ヘーゲル三論』序言）。

「否定の哲学者」として、六〇年代の新左翼運動に大きな影響を及ぼしたマルクーゼは、フライブルク大学でヘーゲルとマルクスを研究し、『理性と革命』なるマルクス解釈のほか、『ヘーゲルのオントロギー』をものしている。

批判としてのヘーゲル哲学

アドルノがヘーゲルに沈潜した理由のひとつは、ヘーゲル哲学がもつ否定的・批判的性格であった。アドルノによれば、哲学の精髄である弁証法は、本質的に否定的・批判的な運動である。それは、現に存在するものの中へ没入するが、しかしそれでいながら自分自身が理性であり、批判であり、そして可能性の意識であることをけっして断念しない構成的思考力なのである（『ヘーゲル三論』訳）。ヘーゲル哲学は、後年はともかくも、「実際は、本質的に否定的なもの、すなわち批判である。……あの、現に在るものは理性と同一であるというテーゼの力で、現に存在するものの批判、あらゆる既存の体制《ポジティビテート》の批判」を押し進める（同上）。「実際ヘーゲルは、事実を思考の中で再構成しただけではなく、事実を思考しながら産出することによって、それを概念的にとらえ、かつ批判したのである」（同上）。

人の素朴な意識は、しばしば直接的なものがより優れていて、自分に最も近いと信じている。科学は、このことから出発する。が、思惟《しい》するとは、その本質において、直接そこに存在すると信じられるものを否定することであり、かかるものは、直接的なものでも第一のものでもない。そこに在るものはすでに知の媒介の所産であり、帰結である。直接性と媒介とはかたく結ばれていて、直接的なものと媒介とは、相互に産出しあい、再生産しあっている。そこにヘーゲルのいう「経験」がある。「『経験』という言葉は、直接そこに在るもの、直接与えられたもの、いわば思想がつけ加える附加物をまったくもたず、したがって見間違いようのないものを意味すると言われている。ところがヘーゲル哲学は、まさにこうした直接性の概念を捨てること、したがってまた拡大された経験概念を捨てることを要求するのである」(同上)。豊かな素材そのものが、すでに思弁的思惟の媒介をえた、思弁的思惟の働きなのである。

ここから、科学の営為に対する批判が生じる。アドルノによれば、そこにヘーゲルの科学に対するアクチュアリティがあるともいえる。カント哲学は、「いかにして科学的認識は可能か」という実証的諸科学に対する問いのうちに、その典拠をもっていた。ヘーゲルは、科学を学び、科学の方法をよく知っていたがゆえに、その方法を批判的に自己反省することによって、単に対象を鑑定したり秩序づけるだけの、もっぱら資料の収集のみをこととする科学の限界を超え、個別科学が眼をふさいで見ようとしないさまざまな連関のなかへ挺身《ていしん》していくのである。「個別科学の網目をすり抜けているものを、ともかく何としてでも言い表わそうとし始めるのである。これが……新しいヘーゲルの風土たる、あの哲学的思索の内容化を生み出す動機なのである。……ヘーゲル哲学は理性の哲学であるが、それと同時に反実証主義的なのである」(同上)。アドルノはいう。「『語ることのできないものについては、沈黙すべきである』というヴィトゲンシュタインのモットーは、まったく反哲学的である。そのなかには、極端な実証主義が現れている。……だが哲学というものは、語り得ないものを何とか語ろうとする努力であると定義できないだろうか。いいかえると、一方で表現がいつもそれを同一化してしまうのに、非同一的なものに手を貸して、なんとかそれを表現しようとする努力だと定義できないだろうか。ヘーゲルはまさにそれを試みたのである。非同一的なものは直接に語ることができない、そして直接的なものはすべて虚偽であるから、彼はこの非同一的なものを、倦むことなく他のものを介して間接的に語るのである。……哲学が求めるものは本質的に不可能なことである。この不可能事ということを、ヴィトゲンシュタインとその一派は、哲学に関する理性のタブーとしてしまった。それは事実上、理性そのものの廃棄である」(同上)。こうしてヘーゲルは、静的なアプリオリズムとともに、経験的実証的方法を批判するのである、と。

精神の労働

弁証法にとって、世界は固定された主観的極に還元できず、主観的契機と客観的契機は相互に否定しあい、媒介しあって産出し合うものであるはずである。にもかかわらずヘーゲルの哲学は、精神の優位性に立つ精神の哲学として、観念論であることを捨てられなかった。「ヘーゲルの主観‐客観は、実は主観なのである。ヘーゲルの主観‐客観の弁証法はいかなる抽象的上級概念ももたない全体をなしている。しかもそれでいてこの弁証法そのものは絶対的精神の生命として成就されるとヘーゲルは言う」(同上)。つまり、弁証法は、精神の自己自身のうちへの沈潜だというのである。

それは、アドルノによれば、まさに精神の労働にほかならない。精神が生き生きとした活動性として現実的なものとなるためには、そこにはかならず自発的な精神の労働がなければならない。こうして、精神と労働の同一化、生産的精神の本質としての労働、あるいは「概念の労働」が提起されるのである。かくして、「この世に在るもので、労働を通じて人間の前に現われないものはただのひとつもない、ということになるのである」（同上）。「労働の力の及ばない純粋な自然でさえ、たとえ否定的な関係ではあれ、このほかでもない労働との関係によって規定されているのである」（同上）。

　ところでアドルノは、この労働としての精神概念を、「社会的労働」と読みかえる。その典拠となったのが、マルクスの『経済学・哲学手綱』のなかの有名な次の章句である。「ヘーゲルの精神現象学とその帰結――つまり運動し産出する原理としての否定性の弁証法――の偉大さは、……彼が……労働の本質をとらえるとともに、対象的人間を、いいかえると現実的人間であるがゆえに真実の人間を、人間自身の労働の成果として把握していることである」。そこでアドルノは、「精神」の生産的契機が、その時その時労働する個人的労働ではなく、普遍的主体としての社会的労働であることを強調する。こうして、自己自身を生産する否定的運動としての精神の全体性は、抽象的人間労働たる社会的労働の全体性である社会と重ね合わされる。生き生きとした否定的活動性であるという精神の意識は、精神が社会的労働としての現実の社会的主体であるという意識と同一なのである。懸命に働いて、やがて絶対知の同一性にいたる意識の長い道のりが、労働すなわち社会的労働だというのである。アドルノによれば、交換法則に従う社会的労働によってひとつにまとめられている世界、敵対関係をふくみ、しかもこれを調停する能力をもたないブルジョワ社会、そしてあらゆる個人が絶望的なまでに無力になっている状況、この社会の体系的性格を、ヘーゲルは、ブルジョワジーの発達のはるかに遅れたドイツ国内で、概念的・本質的にとらえていた。それは、「ヘーゲルの業績のうちで最も壮大な業績のひとつ」だと、アドルノはたたえるのである（同上）。

部分に対する全体の優位

ヘーゲルにとって、部分は有限であり不完全であり矛盾に満ちている。ただ全体は、部分を通し、部分を否定的に媒介する限定否定によってはじめて実現される。かかる部分的諸契機の総体としてのみ全体は存在する。それが彼のいう「統体性」（Totalität）である。したがって精神が活動し労働して全体にいたる道のりでは、限定的否定としての否定性が遍在する。「前進は、それに先立つ段階への不断の批判（否定的批判）である」（同上）。「ヘーゲルによると、概念すなわち同一性を実現するには、非同一的なものが本質的に必要である」。（「逆に、非概念的なもの、非同一的なものを意識するためには、概念が必要である」（同上））。

ブルジョワ社会は、みずからのうちに矛盾（敵対関係）をはらむ統体性である。そしてアドルノによれば、この統体性は、これらの敵対関係をみずから調停する能力をもたない。そこから、王政復古的傾向とか、既存体制の弁護とか、国家礼賛とかがヘーゲルの著作（『法の哲学』）のなかであらわれることにもなる。「この〔国家〕偶像視そのものは、ブルジョワ社会の諸矛盾はその自己運動によっては、けっして調停されないという事実に対する洞察から産み出されているのである」(同上)と、アドルノはいう。

ともかくもアドルノによれば、ヘーゲルにおいては個人にくらべて体制的なものの上に最大のアクセントが置かれている。個別的契機がおのれ自身の運動と傾向とによって、おのずからまとまったひとつの全体になるとされるならば、全体はその個々の特殊的契機なくしては存在しない。にもかかわらず、この個別性は、ヘーゲル体系においては、ほとんど無視にひとしい仕打を受けているのである(同上)。ブルジョワ社会にあっては、人間は何物にも束縛されない生産者として、自律的なかたちで現れる。「ところが個々の個人は、この社会のなかでは、実際には社会的生産過程の単なる代理人にすぎない。そして個々人が自分の欲望をもつといっても、それは、この過程にいわば引きずられているにすぎない。それゆえ個々の個人は、全能であると同時に、まったく無力なもの、無きにひとしいものと見なされているのである。……そこでヘーゲルは、ヒューマニズムのパトスとは矛盾したかたちで……『社会的必要労働の遂行者としておのれに疎遠な必然性に服従せよ』と人間に命じるのである」(同上)。こうしてヘーゲルは、ブルジョワ社会における普遍と特殊のアンチノミーを仮借なく表現し批判し、いま個人が非自由な状態におちいっているのに、その個人がまるで自由で、普遍的であるかのように思っている、そうした自由の仮象をはねのけるのである(同上)。

しかしアドルノは、ヘーゲルの統体性がふくむ矛盾にふれる。ヘーゲルにあっては、格差がないように均等化された全体として社会は統体性となるのではなく、さまざまの矛盾をそなえていればこそ、統体性となるのである（同上）。ヘーゲルにとって統体としての社会は、矛盾・分裂を通してのみ、その生命を維持し、自己を拡大再生産し、その諸力を発展させていく。そもそも矛盾は、「歴史の真にして唯一の在り方《オントロギー》であると同時に、歴史の形態法則である。歴史そのものは、もっぱら矛盾のなかを、言語に絶する苦しみとともに進んでいくのである」（同上）。「歴史を調和的発展にしてしまうものは、敵対関係にみちた歴史の性格を否認するイデオロギーだけである」（同上）。

全体はいつわりである

「孤立した個別的規定がすべて不完全であるということは、同時にまた、この個別的規定によってとらえられる個別的現実が不完全だということでもある」（同上）。不完全であり不真理である個別的なものの限定否定的批判を介して、いいかえるならば、その時その時の現実自身の非原理的な在りかたを理性批判的に突きとめることによって、ヘーゲルは、絶対知としての全体にのぼりつめる。だがアドルノによれば、そこで、ヘーゲルは、最終的に到達した主観・客観の同一性という全体性への批判的契機を消してしまう。全体を最高の矛盾なき統一体＝真理とすることによって、彼は自分自身の弁証法の概念をだめにしてしまうのである（同上）。「現実的なものは理性的」として、現存するものの是認という体制的全体の擁護に奉仕する。

しかしアドルノによれば、今日、全体は非真理として現れている。したがってヘーゲルによる現存する全体の是認が、いつわりであることは否定できない。年を経るごとにこの是認はますます不合理なものとなった。ヘーゲルの「現実的なものは理性的である」という教説は、彼の他のどの教説にもまして、現実の経験に合わないように見える。現実を概念的に把握するという点で、「理性が現実をとらえるには無力となってしまったのは、理性自身が無力であるせいだけではない。それはむしろ、現実が実際に理性ではないからなのである」(同上)。

　こうしてアドルノにとって、かつて『ミニマ・モラリア』で言いしごとく、「全体はいつわり」なのである。「全体をもって特殊を粉砕する」というヘーゲルの主張が正当でなくなるのは、この全体そのものが、もはや真なるものではないからである。アドルノはいう。「まるでわれわれがこうした真なる全体を確実にもってでもいるかのように、肯定的に、自己確信をもってこの全体を引き合いに出すことは虚構なのである。この点に対する批判は、けっしてゆるめることはできない」(同上)と。さらにいう。全体がいつわりであるというのは、全体性が支配の原理として絶対者になり、いばっているそのテーゼがいつわりであるからだけではない。「自分に抗らうすべてのものを、概念的に把握する精神の圧倒的な強圧によって征服できると信じている、この一種の実証性《ポジティビテート》の思想は、存在するものが支配の下に統合されることによってあらゆる存在者のうちに内在することになった圧倒的な強圧の経験を鏡像的に裏返しに描いている。これこそ、ヘーゲルのいつわりのうちにある真実である」(同上)。「もし哲学がヘーゲルに逆らっても、この全体の否定性をはっきりと規定するならば、それによって哲学は、肯定に通ずるであろう限定的否定の要請を究極的に果たすことになる。全体的なものがそのあらゆる契機においていつわりであることを照らすこの光線のみが、未来においてはじめて実現されるべき全体的な真理というユートピアにほかならないのである」（同上）。

フッサール現象学の批判

現象学とのかかわり

指導教官ハンス＝コルネリウスのフッサールに関するゼミで、アドルノはホルクハイマーと知りあいになった。大学に入学して間もない一九二二年、アドルノ一九歳のときである。

アドルノによってフッサールが集中的に研究されたのは、イギリス亡命のオックスフォード時代（一九三四〜三七）であった。この間に、フッサール現象学に関するかなり大部の原稿ができあがった（フッサールはすでに数十年も前に心理主義を脱却し、超越論的な純粋論理学や現象学の著を続出していた）。アドルノの次の亡命地ニューヨークでフッサール現象学の総括的な研究が目ざされたが著として実現せず、以後稿はあたためられ、あるいは整理されあるいは変更が加えられて、一九五六年に『認識論のメタクリティーク――フッサールと現象学的アンチノミーに関する諸研究』(Zur Metakritik der Erkenntnistheorie —— Studien über Husserl und die phänomenologischen Antinomien) が出版された。フッサールはいわば三十数年間、アドルノの心にとどこおっていたわけである。フッサールや現象学、とくにその認識論に関するこのメタクリティークは、一九四七年の『啓蒙の弁証法』と一九六六年の『否定弁証法』との間をみたす研究であり、作であるといえよう。

始発的根源たる第一者の被媒介性

フッサールは、哲学の疑いなく確実な出発点として、なんらかの絶対的な第一者（最初のもの）を提起するのである（古賀徹・細見和之訳『認識論のメタクリティーク』）。こうしたことに対してかつてヘーゲルは疑いをいだいていた。フッサールにはじまる諸学派は「このヘーゲルの懐疑は哲学を無根拠の深淵《しんえん》に失墜させるもの」（同上）と見なし、それがヘーゲルにおける概念の労働と努力に反抗する動機となったのである。フッサールらにとって、第一者の不在になんの不安もおぼえぬ者は、最初から自らの尺度を誤り、不毛の超越的批判に耽《ふけ》っているようなものなのである。

この第一者は、現象学によれば、自ら無媒介で直接的である。そしてそれは、フッサールによれば、超越論的な内在的主観の純粋直観によるものであった。こうしてフッサールは、単なる存在者のあらゆる痕跡から純化された精神への省察によって、「第一哲学」を再興しようとしたのである。

問題は、第一者が自ら無媒介で直接的だという、現象学の全面的な主張である。第一者は、生成したものではありえず、媒介なき自己原因でなければならない。したがって弁証法的媒介を主張するヘーゲルの思想は、現象学のいう「還元」と相容《あいい》れない論理的背理である。

だがアドルノによれば、あらゆる存在、したがってまた第一者も媒介されている。第一者の支えとなっている直接性もまた媒介されている。「フッサールの哲学に登場する原的（originär）と称されている概念、とりわけ認識論上の諸概念は、ことごとくそして必然的にそれ自体において媒介されている」（同上）。「端的に人間的な自然ですら意識の媒介をへているのである」（同上）。「第一者であり直接的であるものは、概念としてつねに媒介されているのであって、したがって第一者ではない」（同上）。本来媒介されていながら直接性を想定するフッサール的主観は、自分自身を欺くものである。ヘーゲルによれば、「天においても、自然においても、もしくは精神においても、またそれ以外のいかなる場所においても、直接性とともに媒介をふくんでいないようなものは存在しない。それゆえこの二つの規定は分離しえず不可分であって、両者の対立は空疎である」（同上）。したがって、出発点をなす存在は、媒介によって成立したものなのである。

フッサール

さらにアドルノはいう。「媒介について語ることは、存在について実定的（積極的）に言明することではない。むしろそれは、そのような実定性に安住せぬようにという認識にたいする指示であり、本来は、弁証法を具体的におこなえという要請なのである」（同上）。「実定的なものに移行するとともに、媒介性は非真理となる。この種のアポリアを克服しようと認識論は執拗《しつよう》な努力をはらってきた。そして、どの努力もどうしても成功しない」（同上）。所与と精神、それも離れがたく媒介しあっている。とするなら両者とも第一者ではなく、両者とも根源的な原理としての資格を奪われている。「一方、そのような媒介関係それ自体のうちに根源的な原理を見いだそうと試みるとすれば、そのさいには関係概念が実体概念と取り違えられているのであり」（同上）、実体をもたないものが、原理として言いたてられているにすぎない。

体系に対する挑戦

フッサールにおいては、『プロレゴメナ』（『論理学研究』第一巻）の最初から体系の構想が存していた。「真理の王国は無秩序なカオスではない。そこでは法則の統一が支配している。それゆえまた真理の探求と叙述は体系的でなければならず、真理の体系的な諸連関を反映していなければならない」と、「基礎づけ連関の統一」が要求されている（アドルノ『認識論のメタクリティーク』訳）。「論理学の統一に対応するとされる論理的理性の統一のうちには、すでに潜在的に体系がふくまれているのである」（『メタクリティーク』訳）。アドルノはいう。「意識の統一性からはっきり演繹《えんえき》されたものであろうとなかろうと、それ自体において絶対的に完結していてなにものも逃がさない内的連関は、つねにすでに体系である」（同上）。

第一哲学に対するニーチェの不信は、本質的に体系家にむけられていたが、批判理論家としてのアドルノも、当然、体系の理念に屈服することのない思考を要請し、体系に対して挑戦する。

社会的・歴史的基盤の無自覚　「概念の自己運動として現れた〔ヘーゲルの〕『精神現象学』は、その運動の発展段階のすべてにわたって、社会の発展段階と結びつけられている」(同上)。対立的に展開されているものは、「こんにち好んで口にされるような存在それ自体の構造などではなく、敵対的（antagonistisch）な社会である」(同上)。そこに、思考に対する現実そのものの強制がある。「思考はこの現実の強制にしたがいながら、幻惑されて、この強制を自分自身に発するものと見なしている」(同上)。弁証法はこの仮象を繰り返し打ち砕くのである。

これに対してアドルノはいう。「フッサールは老年にいたってなお、かれの現象学全体を簡潔に叙述しようとする試みに付された表題〔『デカルト的省察――現象学概論』〕において、哲学の全体的基盤をめざすデカルト的仮象を叫びつづけた。たんなる存在者のあらゆる痕跡《こんせき》から純化された精神への省察によって、フッサールは〈第一哲学（prima philosophia）〉を再興しようとしたのである」(同上)。アドルノによれば、現象学的構想は、考える主観に諸概念を還元するという唯名論の条件下で、自体的存在を上からの決めつけで展開する。さきに、アドルノにとって体系の概念それ自体が問題であるとされたが、そこで目ざされた問いの内奥でうずまく歴史的な核心が、つかまえられなくてはならない。つまり、体系的なものと歴史的なものの切断それ自体に、批判がむけられねばならないのである(同上)。フッサールは、師のブレンターノから受けついだ心理主義（心理学による論理学の基礎づけ）をのちに撤回し、論理絶対主義を主張することになる。が、それには数学や諸学の物神性が反映しているのであり、その物神性は近代ブルジョワ社会の流れにもとづくのである（同上）。

ともかくも論理ないし認識論の底には歴史ないし社会の流れが渦まいている。フッサールはそれを忘却ないし排除しており、あるいはそれに無自覚であった。

第一哲学の止揚

フッサール現象学の批判に徹底したアドルノは、「緒論」の最後にいたって、ついに第一哲学の止揚にまで言及する。アドルノはいう。「世界を解釈している時代が過ぎさり、世界を変革することが問題となるとき、哲学は訣《わか》れを告げる。……いまは第一哲学の時代ではなく、最後の哲学の時代なのだ」（同上）と。これはいうまでもなく、マルクスの『フォイエルバッハにかんするテーゼ』の一つ、「哲学者たちは世界をただざまざまに解釈してきただけである。かんじんなのはそれを変えることである」になぞらえたものである。アドルノによれば、フッサールの第一哲学は、まさに解釈をこととする哲学であり、世界の変革を志向するそれではなかった。

もちろん、世界を変革する実践としての哲学理論（批判理論）は、六〇年代、『否定弁証法』の時代における学生動乱に対してアドルノが取った徹底的な理論的実践であり、学生たちの理論を欠くせっかちな行動主義ではなかった（後述参照）。

ハイデガー哲学（存在論《オントロギー》）に対する批判

五〇年代の西ドイツ

第二次世界大戦の敗北による壊滅的な打撃から一〇年たらずで、ドイツ（西ドイツ）は、まさに奇跡の経済復興をもたらした。

一九四八年六月の通貨改革が成功を収め、いらい商品が店頭にあふれだし、日常生活にもこと欠かぬ状況をもたらした。アメリカによるヨーロッパ復興援助のマーシャル・プラン（四七年六月）の効果もあらわれ、驚異的な復興が進んでいくのである。国民総生産も伸びつづけていった。国内ではすばらしいアウトバーンが四通八達し、フォルクスワーゲンが走りまくった。人びとは、エアハルト蔵相の功績をたたえるとともに、戦争などいつあったのかといわんばかりに、安定と繁栄に酔いしれていた。五四年のサッカー世界選手権での優勝の余波をうけ、サッカー競技に熱狂していた。

対応するハイデガー哲学

こうした生活の安定と繁栄に、思想上対応するものがハイデガー哲学の流行であったといえようか。ハイデガーの存在論（オントロギー）が流行し、その弟子ないし心酔者が諸大学の教授を占めていた。

一九二三年、三四歳の若さで名門マールブルク大学の正教授となったM＝ハイデガー（一八八九

ハイデガー

〜一九七六）は、一九二七年『存在と時間』を公刊し（三八歳）、一躍名声を獲得した。これによって学界を襲った衝撃は「哲学の教授や学生たちの世界をはるかに越えて、……その影響はドイツやヨーロッパだけにとどまらなかった。一夜にしてこの哲学者は師のフッサールをも上回るほどの国際的な名声を獲得してしまった」（三島憲一著『戦後ドイツ』岩波新書）。金銭欲とか権力欲に溺《おぼ》れ、おしゃべりにあけくれるという日常性へ埋没している非本来的・平均的な人生に対し、ハイデガーは、死へのかかわりを自覚し未来に向かって決断する孤独な実存的態度こそ、本来的な生き方であるとするのである。この瞑想《めいそう》的な人生観、それが、多くの人びと、とりわけ第一次世界大戦の敗北によって自信を喪失していたドイツ人に、あらたな決断を迫るものとして、きそって受け入れられたのである。

一九二八年、ハイデガーはフッサール教授の退官にともない、彼の推挙により、フライブルク大学の正教授に招かれた。一九三三年四月には四四歳で早くも総長に選出された彼は、有名な「ドイツ大学の自己主張」なる総長就任演説を行い、「知識奉仕」「勤労奉仕」「兵役」という三つの義務を学生に要求した。二週間後の五月には、フライブルク地方のナチス機関紙は、ハイデガーのナチス入党を公表するにいたった。この高名な哲学者の入党がナチスをどれだけ力づけたかは、想像に難くない。もちろん総長在職はわずか一年足らずでおわった。後ほど書かれたもののなかで、心中におけるナチスへの批判的反省が聞きとれるとのことである。こうした間に二度にわたってベルリン大学からの招聘《しょうへい》を辞退している。トートナウベルクに設けた山荘での孤独な研究生活を、むしろ選んだためである。

四五年、第二次世界大戦は終結し、彼は当然のことながら、占領軍の政策により大学での教授権を剝奪《はくだつ》され、教職活動を禁止されるにいたった。が、その間にも執筆は続けられ、論文発表や著作刊行はなされている。講演も行われている。やがて教職からの追放も解除されたが（五一年）、間もなく五二年（六三歳）フライブルク大学正教授を退官する（もちろん講義の義務が免除されたものの、自発的な講義はやってもよいことになっており、五三年の夏学期には講義がなされている）。人びとが何ごともなかったかのごとく復興、安定、繁栄の福祉ムードに酔っているのに対応して、思想界、哲学界におけるハイデガー・ブームは、これまた何ごともなかったかのごとく流行し盛りあがっていった。

アドルノの登場

まさにこのとき、アドルノは、ホルクハイマーなどとともに、亡命先のアメリカから故国のフランクフルトへ帰ってきた（四九年、最終的な西ドイツ帰国は五三年）。批判理論をかかげる学派として、しかもフランクフルト市民の熱狂的な歓迎をうけて。ハイデガーは、ユダヤ人が嫌いであった。あろうことか、恩師であり、自分を正教授に推挙したフッサール（ユダヤ系）も敬遠したということである。ユダヤ系であるアドルノは、そのゆえに、ナチスのもとで、イギリスへ、そしてアメリカへの亡命をよぎなくされ、また同志でユダヤ系のベンヤミンを失わねばならなかった。「文化批判と社会」なるエッセーのなかで（一九四九年執筆、五一年発表、五五年『プリズム』に収録）アドルノは、「アウシュヴィッツのあとで〈なにごともなかったかのごとく〉詩など書くことは野蛮である」との有名な言葉をもらしている。アウシュヴィッツのあの野蛮にふたをして、何ごともなかったかのごとく哲学を詩作して名を得るがごときは、アドルノにはがまんのならぬことであった。

ユダヤ系ドイツ人として、ナチズムによってひとしおの苦難にさらされたアドルノにとっては、こうしたハイデガー・ブームに対し、それをそのままにしておくわけにはいかなかった。正面から批判的にぶつかっていくしかなかった。その批判書が、『本来性という隠語――ドイツイデオロギーについて』である。

ハイデガー哲学における隠語のイデオロギー性

一般に隠語（Jargon）というのは、「社会的・職業的なある層内に通用している特別な表現方式で、仲間以外の者にはわからないようにくふうされた言葉」（Wahrig, Deutsches Wärterbuch）のことである。ところで、ドイツでは、「本来性」をはじめとする数々の言葉が隠語として話され、書かれている。

「本来性」をはじめとする隠語を精力的に哲学のなかへ導入したのは、ほかならぬハイデガーである。彼は、『存在と時間』なる主著において、「本来性」そのものを彼の「実存論的存在論」の哲学的術語として導入し、強い説得力をもって提示して見せたのである（笠原賢介訳『本来性という隠語――ドイツイデオロギーについて』）。一九三三年、ヒトラーが政権を掌握する以前、インテリの漠たる衝動が志向していたことこそ見識あることなのだと記述し、「本来性」という言葉は、個々の内容がどうであれ、それに先立って、まずは服従という目標に思考が順応するよう思考を型にはめてしまうのである（同上）。そこには、人間の本来性は決断の自由であり、自由とは服従のことであるとするドイツ観念論の伝統が見られる。アドルノによれば「ファシズムは、たしかに陰謀ではあった。だがそれは、決してたんなる陰謀ではなかった。ファシズムはむしろ、社会のある強大な発展傾向のなかで発生したものである。〔ところで〕言語〔隠語〕がこのファシズムに避難所を提供する。その空間のなかでは次々とくすぶっていく災厄も、あたかも救済であるかのように立ち現われてくるわけなのである」（同上）。隠語は古代めいたメッキをほどこされ、高々とかかげられてあがめられ、もって過去の責任や罪がたくみに隠蔽《いんぺい》される。そこでは批判的思考が封じこめられるのみか、よきドイツの伝統の綿々たる継続が権威的にかかげられる。アドルノは、まさにそこに、現状肯定のドイツ的イデオロギーを見たのである。

讃美される「土着性」の虚偽

ハイデガーは、一九三〇年と一九三三年の二度にわたるベルリン大学からの招きをことわった。これに対してハイデガーは、一九三四年の「なぜ私たちは田舎にとどまるのか」のラジオ放送や一九四七年の『思索の経験』（一九五四年刊）などにおいて、辞退の正当性を弁明する。田舎や森の好きなドイツ人に便乗するかのごとく。

哲学は、農民の仕事のただ中にあるべきものである」(『本来性という隠語』)

私の仕事は、シュヴァルツヴァルトとその人間に内的に帰属している。これは、何ものによっても替え難い。幾世紀にもわたるアレマン的－シュヴァーベン的な土着性(Bodenständigkeit)に由来する」。(同上)

最近私は、ベルリン大学へ二度目の招きを受けた。このような折りには、私は、都会から山小屋に戻る。私は、山や森や農夫の家の語るところを聞く。……(同上)

人間は、自らの計画によって世界を一つの秩序にもたらそうと試みている。しかし、野の道の呼び声に従って自らを整えない限り、その試みは徒労である。(同上、ハイデガー『野の道』より)

都会の人間は、山あいの農民たちのもとに長いこと単調に一人だけでいること(Alleinsein)をしばしばいぶかしく思う。しかしこれは、一人だけでいることではなく、孤独(Einsamkeit)なのである。人間は大都会においては、他のどこにおいてよりも気楽に一人だけでいることができる。だがそこでは人間は決して孤独でいることはできない。というのも、孤独は根源的な力を持っているからである。我々をばらばらにするのではなく、むしろ現存在の全体をいっさいの事物の本質の間近に解き放つ力である。(同上、シュネーベルガー『ハイデガー拾遺』より)

本来的な哲学的思考の場ともいうべきハイデガー的土着性に対し、アドルノは次のように批判する。「彼は、老獪《ろうかい》な戦略によって、狭小な地方的心性を肯定的なものに逆転させ、狭小な地方的心性という非難を無力化する」（『本来性という隠語』訳。傍点筆者）。ハイデガーが親しみたく思う農業的環境を目の前にすると、この哲学者が彼の農夫たちのみならず自分自身に対しても太鼓判を押す寡黙への讃美《さんび》もどこへやら、彼の反省された反省のなさは、取り入るような饒舌《じょうぜつ》に退化するのである（同上）。小農民とて、交換社会からの施し物によってのみ存続可能であり、彼らの土地が交換社会を免れているというのは、単に外見上にすぎない。「交換に勝るものとして農民たちが持っているのは、もっとひどいもの、家族の直接的な搾取――これがなければ彼らは破産しているだろう――だけである。この消耗し切ったもの――小農的経営の持続的危機が、〔土着性とやらの〕隠語の虚《うつ》ろさの中でこだましている」（同上）。――アドルノはさらに続ける。――「それ自体が社会的発展の一局面にすぎない安定的な職業〔農業〕が、一九五六年になってもなお、ハイデガーによって農村的生活環境の偽りの永続性の名のもとに規範的なものに転化されるのである。……北アメリカは、野の道はおろか村《ドルフ》とも無縁である。哲学であることを軽蔑《けいべつ》する哲学が、哲学との間のそもそも存在しない区別をつけるには、自己の根源性（Urspringlichkeit）の証《あか》しとしてのすり切れた農夫的シンボルが必要なのである」（同上）。

いうまでもなくアドルノは都会人である。「土着性」を批判していく彼のセンスは、流動的・運動的ないわば「都会性」（Urbanität）なのである。

宿命的・運動的な掟への服従としての本来性

『本来性という隠語』なる著の後半では、『存在と時間』における隠語の変貌《へんぼう》・批判が、次のように続けられていく。

人間の現存在は世のなかにおける世人《ダス・マン》として、非本来的な自己であることをまぬがれない。が、ハイデガーによれば世人でありながら、その世人からはなれて本来的自己に向かって自己を投げているのでなければならない（企投）。そのような意味において、現存在は可能的存在である。そのような企投のなかには、アドルノによれば、単なる実定《ポジティビテート》性に抗する思考の自由がいくばくかは生き残っていた。が、その後企投は、存在自体の企投とされ、思考の自由を阻むものに転化する。「ハイデガーにとって本来性は、もはや、主観〔主体〕性に媒介された論理的なものではなく、主観－現存在そのものにおいて客観〔客体〕的に存在する或るものなのである。本来的であるとされるもの＝死への構え（Stellung zum Tode）が観察する主観から観察されたものとしての主観へ移譲される。この移動が主観から自由と自発性の契機を盗み取るのである」（同上）。こうして、教養上、絶対に非対象的なものであるはずの本来性が対象化され、主観自身はそれに関し何もできぬままである。「こうした判断がなされるのは、あの御者の笑い話の論理によってである。――或る御者が情容赦なく自分の馬を殴りつけるため、人にわけを尋ねられる。すると彼は、この馬は、馬たることをいったん身に引き受けた以上は、駆けなければだめなのだ、と答えるのである」（同上）。或る物において何が本来的なのか、という問いから出発した本来性のカテゴリーは、しだいに神話的に布告された宿命（Schicksal）に転化してしまう。そこから、「ユダヤ人は、存在論的にユダヤ人であるがゆえに罰せられる」という奇妙な帰結が導かれる、とアドルノは指摘するのである。

そこでは、ハイデガーにとって、「人間であることの証し、そしてそれとともに人間であることの本来的な成就」である決断の自由は、彼自身の言うごとく、必然的に、「最高の命令の拘束に服する」こととなる（同上）。「自由とは社会的な掟《おきて》への服従」のこととなる。

ハイデガーは、「本来性」を世人《ダス・マン》と空談に対置した。だが、アドルノによれば、彼が本来性と名づけたものが、ひとたび言葉になるや、『存在と時間』が反抗しようとしていたのと同じ商品交換の原則（等価交換の原則）が支配する盲目の手に落ちるのである。本来性という隠語は、この盲目的・運命的な社会のなかにあって、非本来的な世人の世界とハイデガーの称する世界を見下して、みずからはそれを越えて高次の本来的な境地にあるとうぬぼれている自負の言葉なのである。

「死」分析の詭弁

「死へとかかわる本来的存在」の問題は、『存在と時間』の主要なテーマである。死とは、ハイデガーによれば「およそ何かへ態度をとるというようなこと、つまり、実存することが不可能になるような可能性」（訳）、つまり、現実にはもはや存在しなくなるという可能性として、生（現存在）の本質をなすものである。アドルノによれば、「死は現存在の実存論的な地平として、絶対的であるとされることによって、聖体としての絶対者に転化する」（同上）。それゆえこの死という隠語は、「そもそもの始まりから、軍備増強と折り合いが好かったのであった」。アドルノはいう。「生〔現存在〕と死の関係における最も身近かな周知《トリヴィアル》のこと、つまり両者の端的な非同一性、死は生を破壊し真に否定するということ、については、現存在分析はその周知のことを自分のがわでふり切ることもなく無視して通り過ぎていくのである」（同上）。

かつて観念論者にとって、体系への義務は絶対的なものであった。それと同様に、全体性の構想は、ハイデガーにとって、教理《ドグマ》であった。彼は、当時疑問の余地なく人びとに受け入れられていた全体性への義務を、ゲシュタルト心理学の「全体性」説をとり入れることによって、果たすのである。「死が生を全体性にする、というのである」（同上）。アドルノによれば、この「死が生を全体性にする」ことによって、他の誰よりも模範的に、否定的なもの〔死〕が、本質として、単純に――非弁証法的に――肯定的なものに転化してしまう」（同上）。「ハイデガーが、実存論的な全体性を基礎づけようと努力しているのは、諸個人の生《レーベン》が、今日、全体性を欠いてしまっている、という否定し難い事実に強いられたものであろう」（同上）と、アドルノはいう。経験的個人の生《レーベン》の彼岸で、実存論的な全体性に高められた死は、事実性から引き離されて、全体性の存在論的創立者となり、かの断片化・原子化のただなかで、意味を付与するものに転化する。「死のみが、生〔現存在〕に全体性の尊厳を付与するのである」（同上）。

ハイデガーにとって、死は「世人《ダス・マン》」から引き離されたものとして、本来的なのである。現実的な事例としての死は、世人のあらわれとして本来的ではない。本来的な死は、最も現実的なものである事実的な死の彼岸にあるものとして、恐いものではなくなるのである。が、アドルノによれば、こうしたハイデガーの本来的な死は、「ひとは死するものだ」という言い方が表現している正当なものを無視しゆがめている。つまり、虚無的・否定的な現実の死は、本来的な死ではないとして、それを中味の充実した実体的なものにふくらませてしまうのである。死に惚《ほ》れこみ、現実的な事件としての死と本来的な死との区別に熱中するあまり、ハイデガーは、ナンセンスな詭弁《きべん》のなかを運動することになる。この空間は、本来性の虚偽を暴露する（以上同上）。ハイデガーは、死を本来的なものだとすることによって、死に直面せず、そこから逃亡してしまう。「死の永遠性を擁護する熱狂は、死をもってする脅迫を延命させる。政治的には、この熱狂は、戦争の不可避性の宣伝となる」（同上）。「本来性という隠語は、言語としての――ただしそこにおいては、いっさいの特殊的内容は取り除かれている――イデオロギーである」（同上）。「無（Nichts）を何かひとかどのもの（Etwas）とするこの意味付与の虚構が言語の欺瞞《ぎまん》を生み落とすのである」（同上）。

実証主義に対する批判

科学主義

実証主義ないし経験主義は、存在論（オントロギー）とは逆に、現実的な所与ないし科学を、無媒介的・絶対的に前提する。それは、アメリカ的生活様式と密接に関連するもので、アメリカにあったアドルノも、彼自身告白するごとく、アメリカにおいて初めて、「経験といわれるものの重さ」を、真に経験したのであった（大久保健治訳『批判的モデル集II――見出し語』、「アメリカにおける学問上の諸経験」）。しかしそれは、アドルノにとってプラグマティズムとか実証主義といわれるアメリカ主義そのものを、そのまま全的に是認したり、それのはらんでいる問題をそらしてしまうことではなかった。それらに対してするどい批判をむけ、それもまた現代の支配的状況を反映するものだというのである。

科学（あるいは自然科学）が前提となり、それが模範となるこの方法では、アドルノによれば、当然、諸存在者、個別的諸対象が、それ自体存在する第一のもの、それだけで真の存在者と見なされる（アドルノ、ポパー他著、城塚登・浜井修訳『社会科学の論理――ドイツ社会学における実証主義論争』、アドルノ「序論」）。そしてそれに対する観察、測定、量的調査などによって事象の探求・整理・分類が行われ、帰納的一般化により論理的な整合性・体系性をおびた理論が構成されるのである（『批判的モデル集II』、『社会科学の論理』）。

アドルノにとって、経験的研究は正当なものであるにとどまらず、それは不可欠なものに思われた。しかし、経験的研究を実体化し、それを普遍的鍵とみなすことは許されない（『批判的モデル集II』）。経験的社会調査は、常識によっていかに好まれたものであっても、そのような研究方法がまったく適当であるとは、アドルノには思われなかった（同上）。彼にとっては徹底して思弁的なものが哲学的志向と結びついた方向であり、経験的諸現象の意のままの処理よりは、それを解釈し批判することこそ相ふさわしい客観的要求であると思われた（同上）。「科学的・実証主義的立場においては、知識は事物を操作する力を意味し、この知識は抽象作用によって対象を処理してしまうのである」。技術的な操作と支配といった合理化、それによる科学の進歩には、さきに『啓蒙の弁証法』でふれたごとく、野蛮への道がつながっているのである。

哲学の喪失

実証主義は、現実的な所与ないし実証的なものに執着し、科学（とりわけ自然についての科学）を無媒介的絶対的に前提する。そのことによって、形而上学《けいじじょう》を排するとともに、思惟を二次的なものとみなすのである。しかし、現実的所与は媒介されたものであり、諸科学は分化されたものにほかならない。にもかかわらず実証主義は、このように媒介・分化されたものを、関連から切りはなして絶対化し、それを単純に具体的な真実とみなすのである。そして、科学的操作の方法こそが、哲学であるとする。つまり、実証主義的諸理論は哲学を清算しようとしながら、その一方で、「科学の権威に依拠して、自己を自己自身（の吟味）がはいり込めないように密閉する一つの哲学を提唱しているのである」（『社会科学の論理』、アドルノ「序論」）。このとき科学ないしそれにもとづく哲学は、単なる現象に追随せざるをえない。

あらゆる所与、主観的諸関係も客観的諸関係も、社会による媒介を避けることはできない。だがその社会的現実は矛盾している。「今ある現実が公平で公正であると称する哲学は、ほかでもなく現実を隠蔽し現状をそのまま永続させることに寄与しているのである」（「現代思想」一九八七年一一月号、アドルノ「哲学のアクチュアリティー」、大貫敦子訳）。諸矛盾を禁じて形式的な論理の整合性・体系性を求める実証主義は、この自己自身意識しない、最も奥深い矛盾をかかえている。この自己自身の基体のもつ矛盾を隠蔽しそれに目を注がないのである。「科学のなかに凝結したこの社会の規則に唯々諾々と従う認識は、社会全体およびその構成員の関心と矛盾している決定的に偽りの社会のなかで、その社会の虚偽性に参加しているのである」(『社会科学の論理』序)。個人と社会との統一を一方的に自負する科学主義は、そうした論理になじまない敵対的要素を付帯現象であると貶《けな》し、それによって虚偽のものとなる。「非合理的な社会においては、科学的にとりきめられた論理の優越」が議論されるにすぎない。批判的合理主義のK・ポパーにおいても、批判はもっぱら科学的諸命題の上に制限される。

「厳格に非政治的な態度が政治的諸力の運動のなかで政治的なものとなり、権力への降伏となるのと同様に、〈実証主義のいう〉一般的な価値中立性は、実証主義が妥当する価値体系と呼ぶものに無反省に従属することになる」(同上、「序論」)。

「実証主義にとっては、諸科学から抽象されたもっとも一般的な構造、諸科学のすでに磨き上げられ、かつ社会的に打ち固められた操作方法が哲学と化し、実証主義自身の正当化の営み——それは論理的に潔癖な狂信者たちが驚くほどほとんど心を乱されることがない圏である——が、哲学となる。おのれ自身の光を哲学からまず受け入れるべきものそのものが哲学とされてしまうことによって、哲学はその使命を喪失するのである」(大久保健治訳『批判的モデル集I——介入』「哲学の目的」)。そこでは、分業がもつ偽りの権威とか、いっさいの現実や現象が媒介されたものであるとかの理論は、一つとして許容されない。もちろんそこでは、神話とかユートピアといったものは、いっさい追放されるべきものとなる（『社会科学の論理』、序、『介入』「哲学の目的」）。

こうしたことは、哲学こそがまず解明すべき現実や科学がはらむ問題を、まえもってすでに逃避してしまっている。哲学は、そこですでに免職されている。歪《ゆが》んだ非合理の社会での科学の存在が、存在するがゆえにそれ自身の正しさの規準になっている。さらに、整合的・統一的な科学性にあやかる論理実証主義は、概念的記号をもてあそんで、それが具体であり、真理であるとするにいたる。そして、具体的なゆたかな人間性を無視することに役立つのである。このように、実証主義は、物化され疎外され歪んだものを、あるいは、分化され抽象化され媒介されているものを、絶対化・真実化する。そのことによって、実証主義それ自身が、すでに、歪められ、物化され、疎外され、抽象化され、異常者にされた意識そのものなのである（『介入』「哲学の目的」）。実証主義は、反神話的態度を主張する。にもかかわらず、非合理で神話のはびこる現実的所与を固定し、神聖化・絶対化するかぎり、既述の『啓蒙の弁証法』の論理によれば、まさに実証主義それじしんが神話といえるのである。

道具化している実証主義的知性

社会には、自然科学的モデルを社会に対して無制限に転用してすましこんでいるわけにはいかない問題がある（『社会科学の論理』、「社会学と経験的研究」）。「社会についてのもろもろの理論的思想は、総体として、経験的に見出されるものを通路として遺漏なく導かれうるものではない」（同上）。

K＝ポパー

そこで、アドルノにとっては、現実の認識による現実の矛盾の展開（社会の批判理論）が要請されざるをえなくなる。批判は、ポパーの批判的合理主義のごとく「提出された仮設が正しいあるいは誤りと証明されうるかどうかを決定することだけではない（前掲書「序論」）。

要するに実証主義は、歪んだ現実ないし事象に適合し迎合する、不真実な意識にほかならない（最近の実証主義は、管理された世界に適合しているにすぎない。〈同上〉）。

人間じしんの主体性（理性的個人の貫徹）を謳歌《おうか》した一八世紀の啓蒙主義が実証主義へ移行していくのは、一九世紀の後半といえよう。それは、『啓蒙の弁証法』あるいはホルクハイマーの『理性の腐蝕《ふしょく》』（『道具的理性批判』）によれば、啓蒙の自己廃棄であり、自己崩壊であり、アンチテーゼへの移行を意味するであろう。いままで王座にあった人間理性が、みずからのつくりだした巨大な現実によって逆に支配され、それの道具ないし奴隷として機能するにすぎなくなった状況の生成である。アドルノによれば、こういう現実のなかへ埋没し、この現実のまえにひざまずいて、歴史の弁証法的運動、社会の弁証法的展開を自覚せず、与えられた事象や現実のまえに立ちとどまるのが実証主義である。実証主義のいうごとき直接的・無媒介的に存在するようなものは、なにひとつとして存在しない。研究対象としてのマテリアル（素材）のなかには、すでに人間社会の媒介による要素や歴史の弁証法的傾向がいりこんでいる。

こうして、存在論（オントロギー）や実存主義とはまったく逆のようにみえる実証主義も、人間性や知性が道具化され疎外され、自由が喪失されている現代的状況を反映し、それに適合する意識形態なのである。

『否定弁証法』

この書が目ざすもの

非同一的原理による同一性原理の超克　一九六六年に刊行されたこの『否定弁証法』は、アドルノの生前に刊行された著作らしい著作の最後のものである（このあと、短文のものがあり、大著『美の理論』が遺著としてのちに世に出る）。

ドイツ観念論をはじめ、従来の哲学は、もろもろの現実ないし現象を主観ないし概念によって解釈し、統一し、普遍化し、秩序化するものであった。そうしたプロセスがまさに啓蒙の弁証法であった。したがってそれは、『啓蒙の弁証法』が示したごとく、野蛮化のプロセスを追うものであった。第二次世界大戦、わけてもアウシュヴィッツのホロコーストがその野蛮化を証示しているであろう。アドルノは、こうした野蛮の源泉を、同一化・普遍化を目ざす同一化原理のなかにみた。すべてを、同一化原理によって整えようとする考え方は、主観や観念によって内外の自然を支配しようとするものである。雑多な個々のものがもつ固有性や意味を、同一性原理によって削除し抹殺するものである。主観と客観の宥和《ゆうわ》どころか、まさに主観による客観の支配であり、異なるもの（たとえばユダヤ人）の排除である。資本主義の展開により、価値法則によって生産物が、（人間さえもが）いまや物象化・商品化（交換価値化）され、個々のもののもつ価値（使用価値）は軽視される。これもやはり同一化原理の生みだした結果である。

『否定弁証法』は、野蛮を生みだした啓蒙の反省であり、同一性原理の自己省察である。いいかえれば、非同一的なものの論理、非同一性の原理の追究である。「弁証法は、すでにプラトンのもとで、否定という思考手段を通じてある肯定が回復されることを意味していた。後日、否定の否定という形容がこのことを簡潔に言い当てることになる。本書は、いささかも厳密さをなおざりにすることなく、弁証法をそういう肯定的な本質から解放しようとする」（木田元・徳永恂・渡辺祐邦・三島憲一・須田朗・宮武昭訳『否定弁証法』——以下この訳による）。いわば、「構成的主観性の欺瞞を打破」しようとするのである。

妻グレーテルとの散歩（1964）

否定弁証法の概念

「ヘーゲルの内容ある哲学的思索が基礎とし結果としたのは主観の優位」で

あった。がアドルノは、いう。「自分の精神的衝動に信頼をおくようになって以来、主観の力によって構成的主観性の欺瞞を打破するということを自分の課題と考えてきた」(同上)と。したがって、アドルノによれば、哲学は、自分こそ世界の構成者であるといううぬぼれを捨てなくてはならない。この自負を捨て、方向を非同一的なものに向けてこそ同一性の強迫も砕け散ってしまうであろう。哲学が本質というものをその有限な主観的諸規定のうちにとらえうるといった幻想は、廃棄されなくてはならない。

「真理というものは変化する事象とともに生成してきたものなのであり、真理の不変性とは第一哲学の虚偽である」(同上)。「それゆえ、哲学はその本質からして要約などできないものである。さもなければ、哲学などというものはまったく余計なものでしかあるまい。哲学がたいていのばあい要約されてしまっているのは、その意に反してのことなのだ」(同上)。

否定弁証法という言い方は伝統に逆らう。さきにふれたごとく、弁証法は、プラトンのもとで、否定という思考手段を通じてある肯定が回復されることを意味していた。が、本書は、弁証法をそういう肯定的な本質から解放しようとする。この逆説的な標題を展開してみせることが、本書のねらいの一つである(同上)。「最近の美学上の論議においてアンチドラマとかアンチヒーローという言い方がされているが、あらゆる美学的主題からかけ離れているとはいえ、『否定弁証法』もアンチ体系とよばれてしかるべきであろう。否定弁証法は、統一原理や上位概念の全面的支配の代わりに、こうした統一の呪縛《じゅばく》の外にあるかもしれない観念を、整合論理的な手段によって引き出そうと努めるのである」(同上)。

存在論との関係

存在論への欲求

存在論にとって、「存在は最高の概念である」(同上)。フッサールのカテゴリー的直観ないし本質直観を予想するハイデガーの存在は、イデア化作用において現れるものの理想ということになろうと、アドルノはいう。ハイデガーの本質存在は、純粋に、主観にけがされないところにこそ、それじしんで存在する。が、存在は、アドルノによれば、存在論者のいうごとく無媒介でそれ自身であるのではない。「純粋な直接性とは正反対のもの、すなわち徹頭徹尾媒介されたものであり媒介においてのみ有意味なものである」(同上)。それを全く直接的なものであるかのようにみなすのは、変造された恣意《しい》によるものである。

「シェリング以来の内容をもった哲学的思索は、同一性の命題に基礎を置いていた。存在者の総体、結局は存在者そのものが、精神の素材として主観性に還元可能であるばあいにのみ、つまり、事象と概念が精神の高みにおいて同一であるばあいにのみ、アプリオリなものが同時にアポステオリなものでもあるというフィヒテの公理に従って、事態が推し進められた。しかし、同一性の命題についてのこうした歴史的判断が、ハイデガーの考え方のうちにも入りこんでいる」(同上)。とすると、アドルノによれば、同一でないものは、ハイデガーの手から逃れてしまう。

ハイデガーの存在崇拝は、観念論の精神崇拝に対して論争をいどみ、精神の自己偶像化を批判しようとするものである。しかしハイデガーの存在は、彼が対立させる精神とさして変わるものではなく、精神に劣らず抑圧的である（同上）。

存在と実存

「ハイデガーは、同一性のうちに非同一性を弁証法的に洞察するぎりぎりの線にまでは達している。だが彼は、存在概念のうちに矛盾があることには我慢できない。彼はその矛盾を押さえつけてしまうのだ」。「彼は、絶対的な同一性のうちに存する非同一性を、まるで家族のスキャンダルのようにもみ消すのだ」（同上）。主観と客観の彼岸に直接的かつ始源的なものを一挙に捉《とら》えようとすることから、矛盾や非同一性をとび出てしまうのである。「存在と存在構造とは、あらゆる存在者と、存在者のおよそ可能なあらゆる存在者的規定を超えたところに位置する。存在は超越そのものである」（同上）。つまり、存在の開示は超越であり、存在の認識は超越論的認識であり、その真理は、超越論的真理なのである。ハイデガー哲学は、ヘーゲルとふれ合うところがあるにもかかわらず、矛盾や非同一性、つまり弁証法を避けて、超越性を問題にする。こうして、存在という実体は、肯定的なものとして概念をも事実をも超えることになる。「こうした肯定性は弁証法的反省には耐えられないであろう」「基礎存在論は、弁証法的諸構造が非弁証法的に表現され実体化されることをもとに、思考と事実との両者に対する超越を引き出してくるのである」（同上）。「存在者なしには存在は考えられないし、相互の媒介なしにはいかなる存在者も考えられないという、存在と存在者との弁証法はハイデガーによって抑圧される。一方が他方によって媒介されていなければ存在することのない諸契機が、彼にとっては無媒介的に一つなのであり、この一つのものこそ積極的な存在なのである」（同上）。存在は存在者なしにはけっして現成《ヴエーゼン》しないし、逆に存在がなければ一個の存在者さえも存在しない。

否定弁証法　概念とカテゴリー

アドルノの弁証法は、否定的である。この『否定弁証法』という発想によって、ヘーゲルとの差違が名指されている。

同一性と非同一性

さきにもふれたごとく、「交換原理」は、人間労働を平均的労働時間という抽象的普遍概念へ還元する同一化原理であり、交換は同一化原理の社会的モデルであり、この原理がなければ、交換もないであろう。すなわち、「非同一的な個々人の存在や働きは交換を通じて共通の尺度で測れるものとなり、同一的となるのである」（同上）。「この原理の拡大は全世界を抑え込んで、否応《いやおう》なく同一的なもの、全体にしてしまう」（同上）。

アドルノはいう。「哲学の任務は、思想にとって異質的なものを思考することである。この思想にとっての異物こそが思想を思想たらしめるのであって、いくら思想の守護神がそんなものは存在しないと言い張ろうとも、哲学はそれを思考しなければならない」（同上）。

アドルノはいう。「経験は、何事によらず矛盾した形で現れるものを、意識の統一の内で〈人為的に〕調停することを拒否する」と（同上）。それはヘーゲルと手を組むことはできない。アドルノの弁証法は、ヘーゲルのそれとは異なって、否定的な弁証法である。つまり、「この弁証法の運動は、個々の対象とそれらの概念との差異の中に同一性を求めようとするものではない。それどころか、この弁証法は同一的なものを疑ってかかっている。この弁証法の論理は、いわば崩壊の論理である。認識主観がさしあたり直面している諸概念の、組織された、対象化された姿が崩壊する論理である。これらの諸概念の主観との同一性は、偽り〔非真理〕である（同上）。

主観・客観

『精神現象学』が象徴するごとく、ヘーゲルは、精神において観念論的に先取りされた主観の優位に立つ哲学であった。

カントにおいても、自然の法則を指示するとされる主観が至上であった（本当は、主観と客観は頑《かたく》なに対立するものではなく、相互に浸透しあっているのであるが）。カント以後の観念論では、認識の客観性は、思考する主観なしにはありえないとされてきた。

「主観と客観の分極構造は、それ自体としては非弁証法的なもので、この非弁証法的構造の中ですべての弁証法が生じると思われがちである」（同上）。ヘーゲルは、この分極構造の展開に自分自身の優位を感じていたが、「結局それを〔主観による〕思考の側に引きずり込んでしまった。主観と客観の弁証法は、ヘーゲルに従うと、存在の構造として結局主観になる」（同上）。「主観は本当はけっしてそれだけで主観なのではなく、客観もまたまったく〔それだけで〕客観なのではない」

(同上)。「たしかに客観を主観にとって疎遠なもの、支配されるべきものにし、わがものとするような主観と客観の分離は主観的なものであり、事物を秩序づけようとする心構えが生んだものである」(同上)。

認識論的反省の歩みは、その支配的傾向からすれば、客観性を次第に主観へと還元する歩みだった。だがアドルノはいう。「まさにこの傾向こそ逆転されるべきなのではあるまいか」。「哲学が不十分な自己省察にあくせくしながら、今日にいたるまで主観という媒介者の内で働いている〈客観による〉媒介作用を忘れていたということは、他の何らかの忘却と同様、何ら崇高な行為として賞賛に値するものではない」(同上)。

アドルノはつづける。「人間の目的のために自然を制圧することとは、赤裸々な自然関係である。それゆえ自然を支配する理性とその原理の優越性は仮象である」。「主観は、その支配権の行使にあたって、ヘーゲルの『主人』と同様に、自分が支配していると思っているものによって、ある面では打ち負かされる。客観を根絶しようとすると、主観はますます客観に従順にならざるをえないということは、このヘーゲルの『主人』のうちによく示されている。主観は客観を自分の魔力の内に封じ込めたと思っているが、その主観のなすことすべてが、実は自分が封じ込めたと錯覚している客観の魔力のなせる業《わざ》なのである」。(同上)。「主観的契機の構成的力の哲学的強調は、どう転んでも真理から離れてゆく」(同上)。「同一性思考というものは、たとえそれがいくらそうでないと言い張っても主観主義的である」(同上)。

ヘーゲルは、主観である精神を全体にまで膨張させて、そこに否定の否定としての肯定真理をみる。が、「全体性であると称する精神などというものは、ナンセンスである」（同上）。

客観の優位と唯物論への移行

主観ないし精神の優位を主張する伝統的哲学は、自分と異質の客観を魔法で封じ込めてきた。したがってこれまで主観優位の哲学にあっては、客観は主観に対して敵対的な関係にあった。

「おのれを自負する哲学のうちでは、客観の優位の思想はうさん臭いと思われ、それに対する反感は、フィヒテ以来すっかり制度化している」（同上）。

ところで、主観の優位をば、客観の優位へと方向を転ずることによって、弁証法は、唯物論的になる。「そもそも客観とは非同一的なものの肯定的表現である」（同上）。精神的な省察という面からみるならば、精神的でないもの、つまり客観として現れてくるものは、「物質」ということになる。非同一性というカテゴリーは、同一性というカテゴリーに並ぶものである。だがこうした基準から解放されるならば、「非同一的な諸契機は物質的なものとして、あるいは物質的世界と不可分に融合したものとして提示される」（同上）。「唯物論の論敵は、唯物論をドグマとして告発しているが、唯物論はけっしてそういうドグマではない。むしろそれ自体ドグマであると見抜かれたものを解体することこそが、唯物論なのである」（同上）。批判哲学は、まさにこうした唯物論なのである。

唯物論者であり、マルクス主義者でもあるアドルノは、ルカーチにつながる西側のそれであった。したがって、党官僚たちが繰り返す東側のいわゆるディアマート

理論と実践

(弁証法的唯物論)を、鋭く批判する。アドルノによれば、東側の弁証法的唯物論にあっては、理論は実践ないし政策の侍女に引き下げられ、実践は概念を失って政策の一部となり、理論はこの政策から出て来ればいいものとして、権力の手に引き渡された。こうして、「教条化と思考禁止とによる理論の精算は、悪しき実践に力を貸した」(同上)。

アドルノはいう。「すべてを支配する国家企業が理論を無力化し誹謗《ひぼう》している現代では、理論はいかに無力であろうと単に存在するだけで、この国家企業に対する反対証言である。これこそ理論が正当な所以《ゆえん》でもあれば、増悪される所以でもある。もし理論がなければ、絶えず変革を欲する実践は変えようにも変えられないではないか。理論を時代錯誤と罵《ののし》っている人びとは、挫折《ざせつ》者となって何時までもくよくよしている者を、落伍者として片付けてしまう例のおきまりのやり方に従っているにすぎない」。「だが、まさにこの世の成り行きに唯々諾々と従わないことこそが理論の身上なのである」(同上)。

アドルノによれば、中央集権的同一性にもとづいて、非同一性に眼を転じることを繰り返し非難したのが党官僚であれば、四〇年以上も前に著わされた重要な著作『歴史と階級意識』の中の「物象化」の章の故に、ルカーチを異端呼ばわりしたのも、残忍にして単純な党官僚たちである。それらがまさに、ディアマートのなせるわざである。

モデルI　実践理性批判へのメタ批判

　同一性原理を排して、非同一的なるものの哲学を訴えるアドルノは、カント『実践理性批判』のメタクリティークにおいて、自由や道徳の、あるいは理性法則の強制的・抑圧的性格を分析する。つまり、自由や道徳の同一化に対する批判であり、「自由の教義の抑圧的性格」や、呪縛としての道徳的構造の分析である。総じて、普遍とか、規定とか、命法といったものが、同一化をもたらし、非同一的なものを排除してしまうというのである。

カント道徳論の強制的性格

「十七世紀以来、自由はあらゆる偉大な哲学のもっとも固有な関心事であった。自由をくまなく基礎づけるというのが、市民階級から哲学へひそかに委託された課題であった。けれども、その関心はおのれのうちに敵対関係を含んでいる。それは〔合理性の原理によって〕古い抑圧にさからいはしたが、合理性の原理そのものにひそむ新たな抑圧を促進しもしたからである」（同上）。

「定言命法と人間とのあいだの溝を埋めて自由に名誉を与えるために、カントが『実践理性批判』で提出した概念のすべて、たとえば、法則、強制、尊敬、義務といった概念のすべてが抑圧的である。自由からの原因性が自由を損なって、それを服従と化してしまうのである」（同上）。

自由の教義の抑圧的性格

カントにあっては、理性的な法則に従うこと、それが自由なのである。したがって、自由な行為は、理性的な規則から生ずることになる。つまり、「法則なき自由は自由ではない。法則との同一性のうちにこそ、自由があるというのである」（同上）。「自由と必然性の関係を正しく叙述した最初の人は、ヘーゲルである。彼にとって、自由とは必然性の洞察である」（同上）。

とにかく、こうして、アドルノによれば、カントの道徳哲学は、自由の概念を抑圧としてしか表現できないのである。カントにおいては、道徳の具体化はすべて抑圧の様相をおびている（同上）。最高の規定である定言命法はまさに強制であるが、それなのに、そこにカントの自由が端的に表現されることになっているのである（同上）。

良心といわれるものも同じく強制の性格をおびている。そこにもカントが自由の教義に刻み込んだ強制的性格（強迫）が読み取れるのである（同上）。

カント実践哲学における、いわゆる定言命法（無上命法）はいう。「汝の意志の格率（主観的原理）が、つねに同時に普遍的立法の原理として妥当するごとく行為せよ」と。あるいは、「汝の人格における、ならびに他の人格における人間性（人類性）を、たんに手段としてでなく、つねに同時に目的として取り扱え」と。それがカント実践哲学における自由の教義、あるいは理性の最高法則であったのである。たしかにそこには、主観的原理あるいは個々の個人人格が、契機として媒介されている。しかし行きつく究極の原理は普遍的立法の原理であり、目的そのものとしての人類性である。それは、いうまでもなく同一性であり、同一化である。つまり、非同一性を契機にして、あるいは、それにとどまることなく、同一化・普遍化を目ざせというのである。それが自由、理性的自由だというのである。つまり、アドルノはこうした同一化への強制・抑圧こそカントの自由の教義であると批判するのである。それは、非同一的なものに対する支配であり、弾圧でさえある。人間の自然的衝動に対する理性的支配である。「カントの道徳哲学は、その構想の全体からして、自由の概念を抑圧としてしか表現できない」。「道徳の具体化のすべては、カントにおいては、抑圧の様相を帯びているのである」(同上)。

モデルII　ヘーゲル批判

法の暴力的性格

「ヘーゲルは『法の哲学』にいたって世界の成り行きへの礼賛を極度に推し進めた。悪い体制が客観性をもつゆえに是とされ善い体制のような外観を呈する場合、その媒質となるものは、たいてい合法性である」(同上)。アドルノは続けていう。「合法性は、たしかに積極的に生の再生産を守ってはいる。しかし既存の諸形態では、暴力という破壊的原理のせいで、その破壊者ぶりを遺憾なく発揮している。第三帝国に見られるように、法なき社会はまったくの恣意の餌食《えじき》となるが、一方では、法は社会の内に恐怖を温存し、適用可能な条文の助けを借りてこの恐怖心に訴えようと、いつも待ち構えている。ヘーゲルが実定法のイデオロギーを供給したのは、すでに眼に見えて敵対関係に満ちている社会の中では、何をおいてもまずそれが必要だったからである」(同上)。

アドルノによれば、法の下では、万人は一律に扱われる。さまざまな差異を消去するこうした平等は、実はひそかに不平等に力を貸している。法規範の体系は、それがほころびないため、それがカバーできないもの、あらかじめ処理できない特殊的なものの経験をすべて切り捨てる。そして次に道徳的合理性を第二の現実そのものにまで高める。法が社会的統御中枢として認可されることによって、現実の暴力を行使するようになる。管理された世界ともなれば、完全にそうなる。現在、さまざまな独裁国家において法は直接、暴力へと移行している。が、間接的には、暴力はずっと以前から法の背後に隠れていたのである。

普遍性と規定性をもつ法は、アドルノによれば、感情とか、正しいのは主観的信念のほうだとする良心とかの立場からはもっとも憎むべきものとみなされ、鉄鎖として感じられ、自分自身や自分の自由は認識されない。

そもそもヘーゲルにおいては、「法の地盤は総じて精神的なものであって、それのもっと精確な場所と開始点は意志である。これは自由な意志である。したがって自由が法の実体と規定をなす。そして法の体系は、実現された自由の王国であり、精神自身から生み出された、第二の自然としての、精神の世界である」(『法の哲学』§4)。「法は神聖なものであり、絶対的な概念の現存在、自己意識的な自由の現存在である」(同、§30)。

とするならば、ヘーゲルにおいて主観的な良心とか感情が「法と人倫的なものの客観的世界」――人倫は自由な意志の発展段階である――を憎むべきものとみなしたというごときは、アドルノには考えられないことである。これでは、アドルノによれば、「ヘーゲルは、それを証明することが彼の哲学の内容である宥和はなかったと認めていることになってしまう」(『否定弁証法』訳)。ただヘーゲルは、良心と法規範との矛盾対立の調停しがたさを余りにも深く経験してはいたが。

同一性の核心

アドルノはいう。生命の保存を再現する普遍性が、同時に生を脅かしている。それも段階を経るごとに、ますます威嚇的に脅かすのである。自己を実現する普遍者の暴力は、ヘーゲルが考えたように、個々人自体の本質と同一的ではなく、むしろどう見ても反対のものである。普遍的なものの強制下で、反応する個々人は、普遍者と同一的になればなるほど、何の抵抗もなく服従する者として、ふたたびこの普遍者と同一的ではなくなってしまう(同上)。

アドルノによれば、個人をふくめた全体は、こうした相剋《そうこく》を通してのみ維持される。人間は自己保存という不可避の動機によって、普遍性を批判する能力をそなえていても、普遍者の主張を助けるよう強要されている。生き残るために、そうせざるを得ないのである。ここに仮象としての宥和性が生じる。普遍者の優勢を認識したヘーゲルは、買収されたかのように、この普遍者の優勢を理念として神格化してしまう。そこに、個人を巻き添えにしている暴力がある(同上)。「これが今日までに産み出された、すべての同一性の核心である」(同上)と、アドルノはいう。ヘーゲルは、この同一的なものを肯定し、特殊者ないし非同一者に対する共感を欠いている、というのである。

モデルIII　アウシュヴィッツの絶対的同一性

アウシュヴィッツの純粋な同一性　ユダヤ系ドイツ人であるアドルノには、たえず不安がつきまとっていた。すでにふれた『ミニマ・モラリア』のなかの「意地の悪い学友」は、少年時代のアドルノに、ファシズムの到来を予告するようないやな悪夢のあったことを、思い出として綴《つづ》っている。悪夢が正夢となったアウシュヴィッツの強制収容所におけるホロコーストこそは、同一化原理の極ともいうべきモデルであった。それはまた、啓蒙の弁証法のいたりつく野蛮化の極でもあった。それは、男女とか老若とか、あるいは自分とか財産とか、それらいっさいに関係のない数百万人もの人間の完全な同一化であり、平等化（死）であった。完全に管理・統合されたガス室での虐殺は、「個人に残された最後の、最もうらわびしいものである死までも収奪してしまった」のである。アドルノのそれに対する悲痛な声を聞

アウシュヴィッツへの悲しい道

いてみよう。

永遠につづく苦悩は、拷問にあっている者が泣き叫ぶ権利を持っているのと同じ程度には自己を表現する権利を持っている。その点では、『アウシュヴィッツのあとではもはや詩は書けない』というのは、誤りかもしれない。だが、この問題と較べて文化的度合いは低いかもしれないが、けっして誤った問題ではないのは、アウシュヴィッツのあとではまだ生きることができるかという問題である。偶然に魔手を逃れはしたが、合法的に虐殺されてもおかしくなかった者は、生きていてよいのかという問題である。彼が生き続けていくためには、冷酷さを必要とする。この冷酷さこそは市民的主観性の根本原理、それがなければアウシュヴィッツそのものも可能ではなかった市民的主観性の根本原理なのである。それは殺戮《さつりく》を免れた者につきまとう激烈な罪科である。その罪科の報いとして彼は悪夢に襲われる。自分はもはや生きているのではなく、一九四四年にガス室で殺されているのではないか、現在の生活全体は単に想像のなかで営まれているにすぎないのではないか、つまり二十年前に虐殺された人間の狂った望みから流出した幻想ではないのかという悪夢である（同上）。

サンプルとしての非合一的なものの殺戮という、身の毛のよだつほどの恐ろしいことの試演が、強制収容所のなかでなされたのである。

アウシュヴィッツ以降の文化

唯物論者であるアドルノは、唯物論と正反対のものとして、唯物論とは相容《あいい》れぬものであった形而上学が、歴史の動きとして、唯物論へと変容せざるをえないとしていう。「精神がかつて自己と類似のものとして規定し、また自己と同類のものであるように構築できたと自慢していたもの〈現実の世界〉は、精神とは似ても似つかないものの方へと動いている」。それどころか「精神の支配が絶対的に悪であることが明らかになるのである。そして、生命のなかでも意味と無縁の層である関係という層こそが、苦悩の舞台となった。強制収容所において、精神とか、その客観化、つまり文化といった、安らぎを与えてくれるいっさいのものを、いかなる慰めもなく焼き尽くしてしまうほどの苦悩の舞台である」。形而上学は、物質的生活の問題のなかへ消滅しつつある（同上）、と。

かつて『プリズム』において、アドルノは「アウシュヴィッツのあとで詩など書くことは野蛮である」と述べたが、ここでは「アウシュヴィッツのあとではもはや詩は書けない」と修正された。芸術、哲学、学問など人間を変革しようとした自負の文化は、アウシュヴィッツ以降すべて「ゴミ屑《くず》」である、とアドルノはいう。「アウシュヴィッツは文化の失敗をいかなる反論も許さないかたちで証明し尽くした」（同上）。「深く罪科に満ちた、そしてほころびの多いこの文化の維持のために弁じる者は、野蛮の一味に与《くみ》することになる。だが、また一方で、文化を拒む者は、野蛮を直接的に促進することになる――そして、文化は実はこうした野蛮であることが露呈されたのだ」（同上）。

といっても、アドルノによれば、「東側の諸国は、口先では文化についてのおしゃべりをしていながら、実は文化を撤廃し、それをまったくの支配の手段として利用し、悪趣味な贋《にせ》ものに変えてしまった」(同上)。党官僚の行政管理的な野蛮の現実である。

弁証法の自己反省（ミクロロギーの眼差し）　さいごにアドルノは、弁証法の自己反省として、ミクロロギーの眼差《まなざ》しを提起する。

みずからを絶対的なものとして措定するいっさいの部分的なものに対する批判は、批判自身を覆っている絶対性の影に対する批判であり、さらには、こうした批判もまたその主旨に反して、概念という媒体のうちにとどまり続けねばならない、ということへの批判なのである。批判が同一性の要求を吟味し、それに報いるのは、それを破壊するためなのである。

運動をやめ止まってしまって、あたかも自分がすでに全体であるかのごとくに振る舞ったりしないことこそ、否定弁証法の定義に含まれることなのである。それこそが否定弁証法の希望の形態である。

カント自身、「物自体」を英知的存在として規定することによって、超越を非同一的なものとして構想したものの、超越を絶対的主観と同一視することで、同一性の原理に屈伏してしまった。絶対者をアイデンティファイ(固定・同一化)するさまざまなやり方は、結局のところ、その同一性原理の源である人間を絶対者に置き移してしまう。こうしたさまざまな同一化の試みは、擬人化にもとづいているものなのである。

ゲーテが「新メルジーネ」で極限のものを名指す小箱の寓話《ぐうわ》を使って描いているように、肝心のものはますます小さくなりながら身を退けてゆき、ますます見分けがつかなくなる。そのことこそが、形而上学がミクロロギーのうちに移行することの認識論的根拠でもあれば、形而上学的根拠でもある。ミクロロギーこそが形而上学の場なのである。全体なるものから避難するために形而上学の籠《こも》る場なのである。

世界の中のきわめて微細な様相こそ、絶対者に関わる重要性を備えているであろう。というのもミクロロギーの眼差しは、包摂する上位概念の尺度によってなすすべもなく個別化されているものの殻を砕き、その同一性を破砕するからである。同一性とは、そうした個別的なものを単なる実例にすぎなくさせている欺瞞なのであるが、ミクロロギーの眼差しは、まさにその欺瞞を、破砕するのである（同上）。

アドルノ晩年の著である、師を回想した『アルバン・ベルク』には、「極微なる移行の巨匠」(Der Meister des kleinsten Übergangs) という副題がつけられている。一九三一年五月に行われた、アドルノのフランクフルト大学私講師就任講演「哲学のアクチュアリティー」には、理性のかすかな痕跡・破片のなかに打しひしがれたかすかな希望をうかがいうることが述べられている。それらはミクロロギーの眼差しであるといえよう。

学生との対決

学生蜂起とアドルノ

一九六〇年代、とくにその後半は、学生運動の吹き荒れたときであった。ヴェトナム戦争は、大学における潜在的な問題を反乱に至らしめた。アドルノ教授は、ホルクハイマーやマルクーゼと並んで、学生、とくに革新的な学生や学生運動のアイドルであり、精神的支柱であった。当時の西ドイツ学生運動の一拠点がフランクフルト大学であり、その中心的指導者の多くが、ホルクハイマーやアドルノの教え子たちであった。

学生動乱のもっともはげしかった六〇年代後半、ホルクハイマーはすでに定年退職して、スイスのルガノ湖畔に転住していた。そのため、学生蜂起《ほうき》の嵐《あらし》を真正面にうけたのは、哲学・社会学の教授として、ホルクハイマーのあと社会研究所所長の重責をになっていたアドルノであった。

しかしこの学生蜂起にあたって、アドルノ教授は立ちあがらなかった。学生たちは、いろいろな場で、立ちあがらない教授を批判し、かれに抗議した。とくに、六七年八月、社会主義ドイツ学生連盟（ＳＤＳ）の会員で、学生運動の理論家ハンス＝ユルゲン＝クラール――アドルノの教え子

――との論争は、アドルノ教授との距《へだた》りを決定的なものにした。急進的な社会主義ドイツ学生連盟の学生たちは、アドルノを、革新的行動の弁護者とみなしていたのであった。が、アドルノ教授は、学生の誘い、批判、抗議、非難にもかかわらず、自分の心を動かさなかった。学生たちに、心情的に同情しながらも、せっかちな行動主義を拒否せざるをえなかった。学生たちは、教授の実践拒否と、党派性の欠如とを非難した。彼らは、彼が、現実批判や体制抗議や否定の哲学を教えておきながら立ち上がらないのは、結局、裏ぎりであると、その責任や罪をとがめさえした。

ゼミナールの光景

一九六八・六九年の世界動乱と西ドイツ学生　一九六八年という年は、世界的にも、まさに騒然たる動乱の年であった。南ヴェトナムでは、南ヴェトナム解放民族戦線軍・北ヴェトナム軍が大攻撃を開始した（テト攻勢）。米国の黒人運動指導者キング牧師が暗殺され、各地で黒人の抗議運動がたかまった。フランスでは、学生デモと警官隊との大乱闘がくりひろげられ、大学が閉鎖された。パリの学生と労働者のゼネストが決行され、全土に拡大、オルリー空港は麻痺《まひ》状態となる。西独連邦議会は非常事態法を可決。チェコの自由

演壇でのクラールとの討論

派知識人は民主化・自由化を求めて、その停滞批判の宣言を発表する。ついに、ソ連をはじめとする東欧五か国軍がチェコに侵入（チェコ事件）し、ソ連軍によって、ドプチェク第一書記らが連行された。……こうして欧米やアジアで学生騒動が頻発、激化するにいたった（他方で、一九六九年には、米国の宇宙船アポロ一一号が月面に着陸、人類としてはじめて月を踏むことが実現され、ソ連の人間宇宙船ソユーズ四号と五号がはじめて地球軌道上でドッキングし、乗員の移乗に成功するという科学の偉大な進歩が保証されたことは、まことに皮肉であった）。

　西ドイツにおいても、一九六八年は、非常事態法の議決に反対する学生たちのきびしい抵抗のときにあたり、五月の末、フランクフルト大学は閉鎖されるにいたった。クラールの指導のもと占拠されて「カール＝マルクス大学」と名を改めた大学は、荒廃ののち、警察によって整理されることとなる。学生たちの現実認知におけるゆがみと混濁は、彼らをして、大学の建物をめぐっての奪いあいを、革命と混同させるにいたったのである。

　当時、「後期資本主義か、それとも産業社会か」の報告を、社会学会でしていたアドルノは、加わってくる抑圧に対して、みずから運動の先頭に立つことをかたくなに拒否した（非常事態法抗議集会には参加したが）。六九年一月末に異変が起こった。社会研究所の執務室から、学生たちのグループが足ばやにおしよせてくるのを見たアドルノは、いくたびもの要請にもかかわらず彼らが立ち去らなかったとき、警察をよんで排除させたのである。

1968年の非常事態法抗議集会におけるアドルノ

批判的思索に徹する姿勢

筆者（小牧）が在独していたころ（一九六二年）、かのシュピーゲル事件があった。当時の国防相シュトラウスが、国防の秘密をばらしたというかどで、『シュピーゲル』誌の編集責任者を弾圧した。これに対し、国家権力の言論圧迫に対する抗議が、インテリやジャーナリズムを中心になされた事件である。が、その抗議者のなかに、アドルノ教授の名をみつけることはできなかった（少なくとも筆者の眼には）。アドルノにとっては、ジャーナリズムの抗議や興奮が、真の批判の自由、真の報道の自由のためのようには見えなかった。むしろ彼らじしんの利害、すなわちニュース・バリューという、ニュースの市場価格が侵されたことへの抵抗や騒ぎであるように思えたのである。アドルノには、自由や批判そのものをさえ物化し、商品化し、商品価値として売買する資本主義的市民社会じたいの批判ないし告発

研究所におしよせた学生を警察の力で排除する

が、問題であった。現実の社会が技術的・機械的に徹底的に管理されているところでは、個人の自発的な思索や人間の自由の場は消されてしまっている、というのが、アドルノの批判的確信であった。したがって彼には、こうした状況を十分に分析・批判し、こうした状況のなかの不安や苦悩を十分に自覚することこそ、大事であった。

こうしてアドルノは、市民社会を、わけても後期資本主義社会を、またその文明・文化を、徹底的に分析し批判した。徹底的な批判的思索、それこそが、アドルノ哲学のはじまりであり、終結であり、すべてであった。多くのユダヤ人が殺されたアウシュヴィッツ収容所事件後のドイツにあって、ユダヤ系のインテリが、歯に衣《きぬ》着せずにものを言い、ものを書くことの危険を、彼は瞬時たりとも忘れることはなかった。彼の生命は、ある意味で、偶然のおかげともいえよう。彼はみずからの気の弱さをも十分に知っていた。こういう危険、こういう弱さにもかかわらず、彼はこの危険を直視し、この弱さにうちかって、勇敢に虚偽をあばき、真実を語り、真実を書いた。敢然と人間性の管理・抑圧・疎外を批判する批判的思索こそは、彼のホームであり、ゆずりわたすことのできないハイマートであった。

こうした姿勢は、同じように現代市民社会を批判した彼の知友に比し、彼の哲学にネガティブ

（否定的）な性格を与えるのである。

だが、アドルノは（そしてホルクハイマーも）、現代社会のなかに、希望よりは、むしろ、絶望的拒否的なものをよみとり、それを告発しようとするのであった。市民的人間や社会を徹底的に分析し批判したが、自分のため、また他人のため何かをポジティブに企てようとはしなかった。進んで新しい人間像を云々《うんぬん》するという傲慢《ごうまん》を、決してしようとはしなかった。そのようなプランの形成は、「神の像を描くべからず」というユダヤの伝統にもとり、哲学者としてなすべきことではないというのが、批判的否定的弁証法の哲学者としての彼の確信であった。彼は、時代に抗して、かつて市民的ヒューマニストが、また社会主義的ヒューマニストがとった批判的姿勢を固持した。ゆがんでいるこの現実、この文化を、徹底的に批判することによって、この批判がなければまさに消滅しようとしている人間的なものを、存続させようとした。かつて市民的人間がとらえた自由とか正義とかの人間性の理念が、集団のなかへまったく埋没してしまうという形で消されてしまうなら、彼はそれに対して異議を申し立てなくてはならなかった。彼は、あえて、このような意味での自由な思索の人、コトバの人、文筆の人、理論の人にとどまろうとしたのであった。しかも自己自身の理論に対してさえ批判的・否定的でなければならない批判の哲学者は、ゆめにも自分の理論を完全と呼ぶことはできなかった。

行動主義的実践の批判

アドルノにとって、理論と実践とは、相互に異なっていながら相互に否定的に関係する弁証法的・媒介的なものなのである。したがって、両者は上・下、支配・従属の関係にあるものではなかった。そして、アドルノの理論とは、既述のごとく、ヒューマンなもの、真に人間的なもの、それがゆがめられ道具化され、それが喪失されている現実を批判し告発する批判理論であった。

ところが、理論と実践との関係はじっさいはどうだったであろうか。アドルノによれば、ときに理論と実践とが並立されるばかりでなく、さらに実践の優位が強調され実施されようとする。そしてその実践とは、この現実を革命的にどう打破するかという戦略・戦術を中心にしている。こうして、方法ないし手段が中心となり、それが物神化されてしまっている。アドルノによれば、人間の自由・正義・個性・真実……を目ざした市民的人間は、それが合理的・科学的・技術的・画一的……に自然を支配し、そのような社会を形成することによって、逆に人間の道具化・画一化・没個性・不正・ゆがみ・疎外といった人間性喪失……を結果した。そこでは人間は、こうした状況のなかでどうして生きるかの手段・方法の追求にあけくれる。こういうプラグマティック（実用的）な行動が実践とよばれ、もてはやされ、尊ばれ、そういう実践が物神化される。人間ないし人間の行動が、商品価値ないし貨幣価値に還元されるわけである。ひとは、こういう、どうにもならないほどに強固な、いわば野蛮ともいうべき現実を、その由来の原点にたちかえって、分析し批判し告発しなくてはならない。それのないただの実践（行動主義）は、まさに、この現実の「道具的人間」

の体系のなかへ、みずからの意がどうあろうとくみこまれていくものである。それは、えせ実践であり、えせ革命であり、かつてのファシズムとかわりない、とアドルノはいうのである。この反動的・機械的な巨大現実を慎重に考察するならば、爆弾の管理者に対抗するバリケードに、どこに意義があろうか。見せかけの革命的ゼスチャーのごときは、かえって相手がわに、自発的実践を不可能にする強力な軍事的・技術的管理を、補充強化させるものである。ひとは、こんにちの市民社会のなかに生まれ、この市民社会の冷酷さからの解放を目ざすけれども、それは、世界ならびに自己自身に関する幻想である。この冷酷さに臆《おく》せず面することなしには、なんびともこんにち生きることはできない。この冷酷さの由来の原点に立ちかえって、分析し、認識し、批判すること、つまり啓蒙の弁証法の由来をたどることこそ、なにより肝要であろう……。アドルノはこう警告するのである。

そこでアドルノは、マルクスの『資本論』ないし「剰余価値理論」に、みずからの哲学者としての姿勢をなぞらえる。彼によれば『資本論』は、経済学者や哲学者に対する批判をふくんでいる。だが、行動のプログラム論ではない。「剰余価値論」からよみとれるものは、批判であって、けっして、革命がどのようにしてなさるべきかではない。そして彼は、こう訴える。真実を認識するためには、みずからの理性、みずからの理性的判断を放棄してはならない。思索に関し、集団に自己を任せてはならない。自由な個人的思索のごときは、すでに、仲間たちのすぐれた知恵によって超えられ片づけられているというがごときは、議論ではなくして、指導者やその一味によって提供される規格的スローガンである……と。

そこでは、常住の批判的・否定的思索のみが、誠実な哲学者の姿勢として残るのである。アドルノにとって、そういう批判的理論的姿勢こそが、せっかちな行動主義よりもはるかに大きな意味や変革性をもつものなのである。彼はいう。「妥協を知らぬ批判的思想家というものは、おのれの意識を譲り渡したり、威嚇されるままに行動に走らされるようなことはないものであり、実際、けっして断念したりはしないものである。〔中略〕開かれた思索は、おのれ自身を超えた彼方を指し示す。こうした思索は、それはそれでひとつの態度決定であり、実践のひとつの形態であり、ただ実践のために従っているような態度よりは、真に変革的な実践によりいっそう密接な関係にあるのである。ほんらい思索は、あらゆる特殊の内容よりもすぐれて、抵抗の力である」と（“Resignation” Gesammelte Schriften 10. 2, S.798. M＝ジェイ著、木田・村岡訳『アドルノ』より）。アドルノは、このような批判理論的姿勢をもって、学生に面した。

が、学生は、さきのごとく、彼の意を了解することはできなかった。現実を徹底的に批判しながら、ポジティブなプログラムを提案しようとしない否定的態度に、学生はあきたらなかった。現存するいっさいをするどくラディカルに批判しながら、その批判的理論のなかにのみとどまろうとする哲学的姿勢に、若い学生はなっとくがいかなかった。学生ばかりでなく、進歩的なインテリや運動家にとっても、理解しがたい点であった。

同僚の非難に立ち向かう毅然さ

アドルノは、また、同僚たちの非難に立ち向かわねばならなかった。同僚たちは、アドルノが、学生を煽動《せんどう》したというのである。学生から追及・抗議され、研究所におしかけられてみずから警官を呼ばなくてはならなかったことは、自業自得であり、教え子をまどわした魔術師の運命であるというのである。しかし、逆に学生のやり方や蜂起を暴力的・幻想的として追及するアドルノ自身は、同僚たちの非難を、もっとものこととしてうけとるわけにはいかなかった。

また、アドルノは、上部構造のなかでのみさ迷っている、というふうに非難された。が、アドルノによれば、これも誤解にもとづくものであった。たしかに、彼は、後期資本主義の経済的構造(下部構造)の分析・批判をすることはなかった。しかし、その社会状況をはなれて文化批判をやっていたのではなく、後期資本主義という状況のなかの文化的現象を批判したのである。

彼は、ユダヤ系インテリとして、しかも時代を痛烈に批判し告発する批判的インテリとして、危険に直面していた。しかも孤独であった。彼は、また、あのきびしい風格にもかかわらず、繊細で、感受性の強い、柔和な性格の持主であった。危険、孤独、弱さなどにもかかわらず、彼は、何処かへ逃げ場を求めようとはしなかった。断固として、勇敢に現実の告発に立ち向かった。宗教的信仰によりかかったり、形而上学的な絶対とか永遠のなかへ逃避しようとしなかった。まして、現実を肯定する実証主義ないしプラグマティズムのなかへ埋没することなど、ゆめ考えなかった。逆に、こうした避難や埋没を、痛烈に批判した。みがかれた芸術的表現をもって、野蛮や不正に立ち向かい、それをあばいたのであった。彼の弱さ、繊細さは、かえって個別的なものに意義をみとめ、弱きものに加担し、その正義を守るための強い批判となってあらわれたのであった。

悲劇的な死去と葬送

女子学生の妨害と惜しまれる急死　一九六九年、警察の力による学生排除をも辞さなかったアドルノにとって、学生たちとの対立は、決定的なものとなった。夏学期でのアドルノの講義は、たびたび妨げられ、最後まで行われることはなかった。とくにアドルノは、女子学生の一グループの攻撃に心をとがらせた。彼女らは、フロイト流に性の解放を求めるかのごとく、あるいはマルクーゼ流に研究と快楽との調和を願うかのごとく、上半身裸体で乳房を出して教壇にかけのぼり、いわば地に墜《お》ちた偶像を嘲笑《ちょうしょう》するかのごとく、教授をあざけりからかった。それを見て、かれは教壇を去っていった。

八月、スイスのブリークで休暇静養中、とつぜん心筋梗塞《こうそく》にみまわれ、一か月後の六六歳の誕生日をまたずに、生涯を閉じてしまった（八月六日）。六五歳といえば、ドイツの哲学者としては、油ののりきった年齢にあたるのだが……。当時九歳年上のホルクハイマーが、なお活躍していたのを思うとき、アドルノ教授は、これからいよいよ円熟の境にはいるところであったろうに。

くめどもつきることのない批判的哲学的思索の源泉を思わせる、大きな頭脳。この源泉を支えているがっしりした体軀《たいく》。いかに隠蔽されごまかされようとも、ものの本質を見きわめずにはおかないような炯眼《けいがん》。不動の姿勢で、講壇から休むことなく聴者を圧倒してくる講義。するどくきびしい調子でハイデガー的存在論や実証主義に向けられる批判……。心身ともに、いずれの面からしてもすきまもないほどの強さを思わせたこの多才な哲学者は、また繊細な心の持主であった。愛する学生と対決せざるをえなくなり、警官にたよらねばならなくなったということは、彼にはなんとしても耐えられない苦痛であったであろう。まさに、この批判の哲学者の悲劇的ジレンマといえよう。この悲劇的苦悩が彼の心身を深くむしばみ、突然の死を招いたのであった。

葬送

一九六九年八月一三日、フランクフルト中央墓地で、アドルノ教授の埋葬式が行われた。休暇中、スイスでなくなってから一週間後のことである。フランクフルトの諸新聞の報道から、その模様をうかがってみよう。

儀式は、無宗教者のアドルノにふさわしく、いっさいの宗教的なものなしに行われた。ホルクハイマー、ブロッホをはじめとする哲学・社会学関係の友人や同僚、学生、ヘッセン州文部大臣、フランクフルト市長、音楽理論家、作曲者、ジャーナリスト、出版関係者……など、アドルノ教授を惜しみ、彼を敬慕する人たち約二〇〇〇人が集まり、式場はあふれるほどであった。

親友であり同志であったアドルノの死後、この一週間、ジャーナリズムに追いまくられて疲労の色のみえたホルクハイマーは、いまはなき友人の姿を思いうかべて、葬送の辞をのべた。アドルノがフランクフルト生まれのフランクフルト人であったこと。音楽的な才能のゆたかな哲学者であったこと。二人がファシズムに対してたたかったこと。結局、当時のドイツの状況下においては、二人はアメリカへ亡命してドイツ文化を守ることがよりよいと考えたこと。アドルノが肉体力を食いつくすほどのきびしさでもって、真理を追求して止まなかったこと。アドルノに研究を通してたしかになったのは、科学は、それを行う人の自己批判・自己省察なしには真実でありえない、ということであったこと。かれの繊細な思想は、母国語（ドイツ語）においてのみ表現されうると考えたがゆえに、かれが戦後、母国を思慕し、望郷の念にかられたこと。かくて、帰国後、批判理論としてつくりあげられたものは、絶対的真理は記述されえないが、しかし自己反省は、この社会情勢下、何がゆがめられ、何が不正であり、何が変革さるべきかを知らせる、ということにあったこと……。

中央墓地で眠る。そこには叔母アガーテの名も見える
（村上隆夫氏撮影）

そして、ホルクハイマーは、こういうのである。「もしわれわれの時代に哲学者なるものが存在したとするなら、それはわが友アドルノであった」と。

　注目すべきは、はげしくアドルノを批判し非難していた、あの急進的な「社会主義ドイツ学生連盟」（SDS）が、花輪をささげたことだった。また、参列したこの派の女子学生が涙を流して感動をよんだことだった。アドルノ教授のもとにドクター論文を出そうと思っていた学生たちにとって、教授の死は、個人的な異変を意味するものだった。彼らは、ドクター・アルバイトの指導者を失ったのである。SDSが花輪をささげたことは、SDSにおけるアドルノ像の修正のあらわれとも見えよう。しかし、彼らの派閥の間には、はげしい戦術論争が起こったともつたえられる。学生の一人が、師の墓に向かって、こうよびかけたということである。アドルノ教授は、ブルジョア市民に対して、きびしい批判を投げた。だが、教授じしん、この市民的人間の廃墟《はいきょ》のなかにしばられたままで、とどまっていた。教授は、市民性の最後の衣服を脱ぎすてて、行動主義者の先頭に旗をかかげるべきであった、と。当日の埋葬式に関しても、不穏な情勢があったようである。が、埋葬は、ことなく平和のうちに行われた。アドルノ教授は、安らかに、フランクフルト中央墓地の、アドルノ家の墓に永遠に眠ることとなった。

遺言

アドルノは、スイス旅行に出かける前のある日、ラジオ放送のための録音をした。最後となったこの遺言的録音は、われわれにこうよびかける。デモクラシーの根本的な前提は、社会の強制に対して批判的に抵抗するよう、若い人間を教育することである。映画、流行歌、絵雑誌、軽音楽などの虚偽が、公然と、生徒に対してよびかけられている。だから大事なことは、人間はたえず欺かれるという意識をよびおこすことである、と。彼によれば、このような虚偽的・

頽廃《たいはい》的な産業文化は、こんにちのすぐれた技術的進歩にともなうものであった。したがって、この産業文化への批判は、それを生みだしている科学や技術の批判、さらには、そのような科学や技術をささえている社会関係の批判へと、関連するのであると。

遺作、『美の理論』

トルソー的未完の作

アドルノ全集二〇巻は、『美の理論』『同・補遺』(全集第七巻)をもってはじめられた。それは、長らく期待されていた大作で、アドルノ自身もそのようなものとして構想していたのだが、しかしもはやこの大作は完成されることなく、未完の遺稿として残された。それが妻のグレーテル＝アドルノとR＝ティーデマン(Rolf Tiedemann)によって編せられて、全集の最初に登場することとなったのである。最初に登場するには、それなりの意義があったからである。ミラノにあるミケランジェロのトルソーがすぐれたものとしてたたえられるごとく、この『美の理論』も、アドルノにとってまさに未完のトルソーであったといえよう。「ベンヤミンの『パサージュ論』とシェーンベルクの『オラトリオ』――アドルノが称賛を惜しまなかった二つの企て――と同様に、未完のトルソーに終わることによって、かえってアドルノの生涯に、いかにも彼にふさわしく未決着の結末を与えることになったのである」(マーティン＝ジェイ著、木田・村岡訳『アドルノ』)。

いままで社会研究所の中心的な一員として、はげしい体制批判ないし現実批判に徹してきたアドルノが、最後に美の理論に傾倒したことは、あるいは奇異に思われるかも知れない。多くの哲学者が、晩年、宗教論に傾くごとく（ホルクハイマーもそうであった）、アドルノもラディカルな批判に倦《う》み疲れて、最後に美の世界に安らぎを求めたようにも思われる。しかし、編者の後書きによれば（『美の理論・補遺』、大久保健治訳）、アドルノが亡命から帰ってフランクフルト大学で再び教鞭《きょうべん》をとるようになり（一九四九年から五〇年にかけての冬学期）、一九五〇年の夏学期、すでに美学の講義を行っている。さらに続く数年間、四たび同じ題目で美学の講義を取りあげている。「その最後の講義は、六七年の夏学期と、六七年から六八年にかけての冬学期に分けて行われた。その際、『美の理論』はその大部分が、すでに執筆ずみであった」。

美学に関する著書の計画がいつ固められたのか、正確なところはわからない。「〔が、〕アドルノはおりにふれこの書物について、『私が生涯にわたって全身で推し進めてきた』仕事の一つであると語っていた」（同上）。アドルノにとって重要であったのは、「言うまでもなく自分の理念を統合して美学として纒《まと》め上げたいとする、考えであった。つまりそれまで音楽や文学を素材として、書き散らしてきた夥《おびただ》しい数の仕事を、理論として展開してみたいと考えたわけである」（同上）。こうしてみると、『美の理論』は、晩年の安らぎといったもので

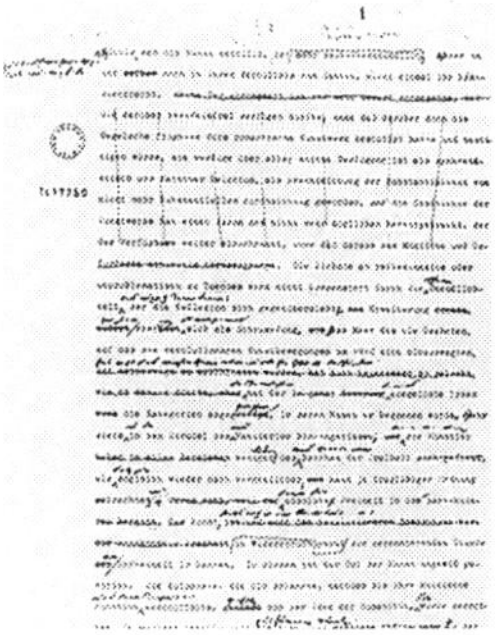
『美の理論』の草稿

はなく、アドルノが本来意図していたものなのである。編者によれば、六一年五月、『美の理論』第一稿の口述が開始され、『否定弁証法』の仕事で中断されたのち、六八年一月に、生原稿はほぼ仕上り、六九年三月、本文は完結を見たのであった。日時が記されている本文で、その最後にあたるものが六九年六月一六日であり、六九年八月六日に死去したのであってみれば、『美の理論』は、文字どおり遺稿であり、いわば、遺言にあたるわけである。

M＝ジェイはいう。「アドルノがかすかな希望の光を認めることを許してくれるとすれば、それは、芸術への言及においてしかなかった」（木田・村岡訳『アドルノ』）。「アドルノはこう述べている。『芸術は、その最高の高まりにあってさえ仮象にすぎない。しかし芸術は、おのれの不可抗的な部分であるこの仮象を、仮象ならざるものから受け取るのである。……代替可能な交換世界に対する抵抗のなかでも根絶しがたいのは、世界の多彩さが失われることを望まない眼の示す抵抗であろう。仮象のうちには、仮象ならざるものが約束されているのである。』……この著作は、哲学的分析と社会学的分析を結びつけることによってモダニズム的芸術のもつ批判的な力を擁護している」（同上）。「アドルノにとっては、もし救済の場を確保してくれるものが批判理論そのもの以外に見いだされうるとするなら、それはスタンダールが『幸福の約束』と呼んだ芸術のうちにでしかない。したがって〔われわれは〕耳を聾《ろう》するばかりの現代文化のただなかにユートピアのかすかな鼓動を聴き分けようとして彼〔アドルノ〕がおこなった注目すべき数々の努力に、身を向けてみなければなるまい」（同上）と。こうしてジェイは、『美の理論』がもつ批判的契機とユートピア的契機をとり出すのである。ジェイによればアドルノは、「管理された世界にあっては芸術こそが依然としてもっとも有望な否定の貯蔵所だという」信念とともに、ホルクハイマーが「まったく別のもの」(das ganze andere) と呼んでいたものを求めようとするユートピア的願いとを放棄しようとはしなかった(同上)。

『美の理論』が、ベンヤミンやホルクハイマーの影響下にあることはいうまでもないが、プラトン、アリストテレスなどのギリシャ芸術論のほか、カント、シェリング、ヘーゲル、マルクス、ルカーチ、といったドイツ哲学の伝統的な美学観をもうけついでいるのである。さらには、ハイデガーやサルトルにもふれている。

また、「ルカーチが基準とする作品は、ゲーテ、バルザック、スコット、トルストイ、トーマス＝マンといった古典主義的、写実主義的傾向を持つ作品であるのに対して、アドルノが挙げるのはルカーチがデカダンス芸術と呼んで批判する作品、ボードレール、ランボー、マラルメ、ヴァレリー、プルースト、カフカ、ベケットといった、モダニズム的傾向を示す作品にほかならない」。「モダニズムの芸術をモデルとして芸術作品を探求し、そのうちに過去から現代に至る芸術作品に共通する否定的な力を、つまり社会を否定する力を取り出そうとする」。「アドルノは、一八四八年以降に出現するモダニズム芸術のうちに、つまりボードレールのうちに芸術外的なものから自己を解放し、自律性を獲得した芸術を見出すのである」(『美の理論』訳、訳者あとがき)。

以下、アドルノ美学の特色ともいうべき諸点につき、言及することとする。

ミメーシス（模倣）的契機

「ミメーシス」（Mimesis）とは芸術上の「模倣」を意味するギリシャ語である。また、芸術的な形成ないし表現を意味するラテン語の exprimo は、真似《まね》る、模倣する、の意味をもっている。これらのことは、古来、芸術ないし芸術的形成が、「模倣」と深い関係をもっていたことをうかがわせるのである。

プラトンは、模倣的な芸術に対して批判的ないし否定的であった。が、アリストテレスにおいては、芸術とは自然の模倣であった。アドルノの『美の理論』においても、ミメーシス（模倣）は、美の重要な契機ないし要素として、いたるところで言及されている。

すでに『啓蒙の弁証法』でふれたごとく、有史以前の原始的なアニミズムの段階においては、神と人と物とはともに生ける自然として、融合しあった親和の関係にあった。そこでは、互いに相手を模倣し相手に同化することによって相手に働きかけるという、いわゆるミメーシス（同化的模倣活動）の状態にあった。そこでは、支配・被支配もなければ、主体・客体といった関係もなく、渾《こん》然《ぜん》一体の融和・親和の関係が支配していた。『啓蒙の弁証法』によれば、こうした状態の崩壊、つまりミメーシス的・呪術的な質とロゴスとの分離の登場、それが啓蒙ないし文明のはじまりなのである。それは、人間による、あるいは理性（ロゴス）による自然の支配ないし抑圧であり、その行きつくところが今日の野蛮化であった。とするならば、『美の理論』におけるミメーシスの強調には、支配や抑圧のない「まったく別のもの」（das ganze Andere）、あるいは人間と自然との一体性へのあこがれ、とでもいうべきものがひそんでいたといえるのではなかろうか。ともかく「芸術は、その模倣という側面のおかげで、つまり人工的な美に対置される自然的な美の価値を暗黙のうちに賛美するおかげで……自然を威圧することを免れている。……〔芸術は〕自然を思想に従属させたり、物質を精神に従属させたりすることを拒否するというまさにそのことによって、人類がなにはともあれ成りうるかもしれないものの揺らめくようなユートピア的モデルを提供してくれるのである」（M＝ジェイ著『アドルノ』、木田・村岡訳）。ジェイによれば「美的模倣は、それがプラトン以後の哲学者によってつねにイデア的本質に劣るものとして卑しめられてきた感覚的現象を肯定するという点においても、あるユートピア的契機を秘めていることになる。ヘーゲルが芸術を序列の上で宗教や哲学の下位に追いやったことにアドルノが異議を唱えたのも、このゆえにほかならない」（同上）。

すべてが融和・親和の関係にあった自然はやがて分離しはじめる。未分化であった自然と精霊、主体と客体との分離があらわれはじめる。原初的な啓蒙のおこりである。『啓蒙の弁証法』によれば、神話はすでに啓蒙であった。神話のプロセスのなかにはすでにロゴスがあり、ミメーシス的・呪術的な質とロゴスとの分離が登場する。

アドルノによれば、とうとうとして進展する啓蒙化・文明化、自然に対する人間の支配・抑圧のなかにあって、抑圧された模倣的《ミメーシス》衝動ないし模倣能力は、かつてのミメーシス段階の残滓《ざんし》として芸術のうちに保存されるのである。が、すでに主体・客体が分離しロゴス（理性）の登場をみるにいたった啓蒙、ましてそれの行きついたモダニズムにあっては、芸術は主体的・構造的なものなくしては存在しえない。模倣的なものの残滓と主体的・構造的なものとは芸術における両極なのである（『美の理論』、大久保訳）。芸術は模倣の契機と構造の契機との、模倣と合理性《ロゴス》との弁証法なのである（同上）。模倣的態度の隠《かく》れ処《が》にほかならない芸術は、いまや合理的なものの真只中《まっただなか》において可能であり、合理的な手段を利用する。魔術的段階の残滓である芸術は、「一方からは文字通りの魔術へ後退することを迫られ、他方からは物に即した合理性へ模倣的衝動を委《ゆだ》ねるよう迫られている」（同上）。

　要するに、アドルノによれば、模倣的方法は、主観と客観との対立が固定化される以前の現実に対する態度であるが、啓蒙によってこうした方法がタブー化されていらい、模倣は模倣的態度をとる芸術へと追放され、芸術を通して生き残り、芸術による仮象の担い手となった（同上）。芸術の謎めいた客観化的形象は、模倣と合理性とがからみ合ったものであり、芸術作品はその主観的（合理的）・模倣的で表現的な契機によって、自らの客観性にたどりつくのである。芸術が、この形象世界に対して行われるかぎり、この世界を自由に処理する形式を欠くわけにはいかない。芸術は、最も進んだ合理的技術にもとづき、それを意のままにする模倣的行為である。模倣的行為として無意識的・受動的であるかぎり、神話的な自然崇拝に属しながら、意識や知識や技術を必要とするかぎり、啓蒙的な自然支配に属している。

　模倣は原始的ミメーシスに由来するものでありながら、芸術に不可欠の契機であり要素である。芸術作品は、太古の戦慄《せんりつ》を模倣するものにほかならない。が、アドルノはいう。「だからと言って芸術を模倣衝動、表現欲、魔法的イメージのような、芸術的態度の原現象へと還元しようと意図するなら、芸術の一部だけを恣意的に捉《とら》えるといった結果に終わるであろう。これらの契機はともに働き、芸術の内部に入り、芸術の内部で生きつづけている。だがその契機のうちのどれ一つを取ったところで、それだけで完全なものなど、皆無である。美学はいたずらに、芸術の根源的な本質を追い求めて出発する必要はない。必要なのはこうした種類の現象を、歴史的形勢のなかで思考することである。個別的な範疇《はんちゅう》は切り離されるなら、芸術の理念を思考するものとはならない。……こうした範疇はそれ自体が高度に媒介されたものであって、思考により媒介されることを必要としている」(『美の理論・補遺』訳)。芸術の具体的な概念に最終的にたどりつくもの、それはいわゆる根元性を標榜《ひょうぼう》するような直観ではなく、諸範疇、諸契機の媒介である。客体と主体、自然と精神、感性と理性、直観と概念、受動的模倣と能動的構成、さらには、個別的なものと普遍的なもの、自律的個性と集団的社会的なもの、などなどの諸契機の弁証法的媒介である。したがって、太古の模倣的・魔術的根元に還元されうるものでもなければ、単なる構成的・主体的起源に還元されうるものでもない。アドルノにとって、そしてまた「社会研究所」の思考にとっては、芸術的諸現象を単に個人の創造性の表現とみることは、およそ無縁のことであった。芸術的主体は、個人的であるとともに、また社会的であった。

原始における模倣は、人間と自然あるいは他者との交流による同化であり一体化であった。だがそれは同一化することではない。他に同調することではない。お互いに違った存在でありつつしかも交流しあい、のり移りのり移られる状況であり、境地であった。このような模倣《ミメーシス》が芸術のなかに残滓としてその面影をとどめている。このような芸術ないし美こそ、アドルノにとって、精神の最終的な拠りどころであった。アドルノにとってミメーシス的契機は、自然と主体、あるいは自己と他者が互いに差違を承認しあいながら交流・交信しあう非同一的同化ともいうべきものであり、啓蒙的な支配の暴力の影を宿さない自他関係の境位ともいうべきものであった。それは、理性的同一性が支配の暴力としてはたらく啓蒙以降のいわばゆがめられた社会にあって、ユートピア的に垣間《かいま》見られるイメージである。

批判的側面

ミメーシス的魔術的段階の残滓たる芸術は、同一ならざるものを強制的に同一化し支配下に強制する理性の強制にプロテストする。「芸術の模倣はもっぱらこうした魔力という契機によって維持されるものであるが、模倣的なものは自らの存在を通して自らにとって絶対的なものとなった合理性に批判を加え、その批判によってその真実を手に入れる」(『美の理論』訳)。芸術は、「その構造にとって異質的なものであり、消し去ることもできない模倣の痕跡を残しておくことによって、論理性に異議を唱える。構造はむしろこうした痕跡に依拠するものにほかならない」(同上)。「芸術は、人間による自然支配の似像であるが、同時にこの支配を否定する」。それは、傷つけられた自然が回復される仮象をもたらすことによって、傷つけられざるもののモデルとなるのである(『美の理論・補遺』訳)。芸術における模倣的行為は、自らを客観化するために最も進んだ合理性を意のままに操るため、理性による支配を模倣するのであるが、理性による支配のためではない。「美的合理性は、自然支配的合理性が外部において惹《ひ》き起こしたことにたいして、償いを目論《もくろ》むものなのである」(同上)。「主体は自己とその他者とを意のままに処理しても、それは非同一のもののために行われる」(同上)。

カントは、彼の美の理論である『判断力批判』において、「目的なき合目的性」をかかげた。それは、「経験的現実から、つまり自己保存という目的の世界から、自己保存から遠ざけられた世界へと移住する原理、つまりかつての宗教的原理へと移住する原理である」。芸術作品の合目的性は、抑圧された自然に加担するものであり、理性的合目的性に対する批判である。芸術作品の合目的性は、自然に加担することによって、人間によって描定されたものとは異なるような合目的性の理念を持つのである(同上)。目的を欠くにもかかわらず合目的であるようなもの、それがカントによって美と名づけられるものである。

ほんらい、歴史を階級闘争の歴史とみるマルクス、レーニン、ルカーチらとは対照的に、アドルノにとっては、歴史は啓蒙の歴史であった。すなわち、歴史は、人類が自然の強制から自己を解放する過程であった。そしてそのための道具となったのが理性である。つまり人間の理性によって自然による人間呪縛を破り、自然を征服し自然を抑圧することによってみずからを解放してきた。要するに理性による啓蒙の歴史であった。それは合理主義の進展の軌跡である。が、すでに『啓蒙の弁証法』でみたごとく、理性による自然支配、合理主義の進展は、つねに新たな内外の自然抑圧の進展であり、その行きつくところは新たな野蛮化であった。芸術はまさに、この啓蒙の歴史、文明、すなわち自然支配・文明的抑圧に対する批判であり、自己保存的な理性の原理に対する抗議である。原始的模倣の契機をおびた芸術には、有史以前の支配・抑圧のない一体性への記憶ないしあこがれがとどめられており、既存のものに対して批判的・否定的であるというユートピア性がこめられている（M＝ジェイ『アドルノ』訳、『美の理論』訳）。抑圧することのない、そして支配を恥とする芸術は、まさにアドルノにとって、ゆがめられた現実のなかでの、それを批判し、それを正す救いの希望であった。美の輝きは、強制を知らない生を反映したものであり、支配に抵抗するものであり、「こうした抵抗によって希望が美の輝きに住みつくことになる」（同上）。

自然美　アドルノにとって、『美の理論』の重要な契機の一つは、自然美の問題である。ヘーゲルは、人工美に比して劣ったものとして自然美を軽視したが、カントはそれを擁護したのであった。アドルノは、このカントに共感して次のように論ずる。

自然美は、人間が、自分自身の造ったわけではない客観に依存していることを示し、主観的経験を通して客観に優位を与えるものであり、人間と自然との間の愛情と敬意のこもった関係によるものである。カントは、人間の手によって作られた芸術に対して、たとえ芸術美が形式に関して自然美を凌《しの》ぐにせよ、直接的関心をよび起こすのは自然美だけであり、そこに芸術美にまさる自然美の長所がある、という（『美の理論』訳）。したがってアドルノによれば、「芸術は非人間的なものが語る言葉を、人間的手段によって現実化しようとする。……芸術は人間的意図が挿入されたものではないような表現を、模倣しようと努める。人間的意図は芸術を支える手段にすぎない」（同上）。

ところが、自由と人間の尊厳という概念の支配が拡大して行くにつれて、自然美は美学から消えて行った。この自由と人間の尊厳という概念はカントに始まり、シラーとヘーゲルによってはじめて首尾一貫したものとして美学へ持ちこまれたものであるが、その概念によるなら、この世においてて尊重すべきものは自律的主体が自己自身で生み出すもの以外には何一つ存在しない。こうして、ヘーゲルと彼の時代は、一八世紀の人間によって自明なものと見なされていたのとは異なるところの芸術概念を獲得した。ヘーゲルをはじめとする人びとは、カントにおいていまだ妨げられることなく、作られたものを欠陥品と見なす精神によって保存しつづけられていた自然美の経験を取り逃してしまった（同上）。アドルノは、こうして自然美が斥《しりぞ》けられ、芸術美の支配が確立していく過程のなかに、「破壊的契機」をみるのである（同上）。

だが、自然美ないし自然経験そのものは、アドルノによれば、近代の歴史によって変形されゆがめられていった。技術の拡大、さらにはそれ以上に交換原理の全面的拡大によって、自然美は、自然美と対照的な機能とか、自然美が戦ってきた物象化とかに統合されていく。自然美は、かつて絶対主義時代にもてはやされた弁髪《べんぱつ》や櫟《くぬぎ》の並木道といった代物に抵抗して作りあげられた概念であるが、一八世紀以来、経験的世界の物象化の傾向が強化されるとともに、自然美の概念は批判的鋭さを欠き、観光産業という言葉によって代表される交換関係に組みこまれ、拘束力を持つことがなくなってしまった。「つまり自然は自然保護地帯となり、自然の不在を証明するアリバイにすぎなくなってしまった。媒介されているものによって直接性を搾取された自然美は、イデオロギーにすぎない」(同上)。「組織された観光旅行の場合、自然経験の余地などいささかなりとも見出すことはむずかしい」(同上)。「自然美は社会に内在し、社会によって媒介されたものであるにもかかわらず、市民社会を超えたもののアレゴリーでありつづける。だがこうしたアレゴリーが和解の実現された状態とすり替えられるなら、そのようなアレゴリーは非和解的な状態をおおい隠し、こうした状態においても美は可能であるかのように、こうした状態を正当化するための姑息《こそく》な手段にすぎなくなる」(同上)。

自然美は、理性的・普遍的な同一性という呪縛に捉えられている事物における、非同一的なものの痕跡にほかならない。こうした理性的呪縛が支配するかぎり、そこには、非同一的なものが肯定的に存在することはない。

芸術美とその精神化

自然美に対して、自然以上のものが、人間の手によって作り出されたもの、人為的な客観化、それが芸術作品ないし芸術美である。

アドルノによれば、芸術作品は、存在するものを通して、存在せざるものへ向けて自己を超越させる。かく「自己を乗りこえることによって精神的なものになる」。それは当然、主観によって媒介され、「媒介されることを通して客観的に自己を明示する」（『美の理論』訳）。「精神は精気（Spiriltus）、つまり芸術作品に魂を吹きこみ、現象を変える息であるだけでなく、作品の力あるいは核心、つまり作品を客観化する力でもある」（同上）。精神はこうした客観化にかかわると同様に、客観化とは逆のものである現象や感性にも関与し、それらを媒介している。芸術作品は精神的なものとして、現象であり、出現するものであるが、盲目的な現象ではない。芸術作品をして、現象でありながら現象とは異なるものにするもの、事実でありながら事実ではないものにするもの、物にすぎないが物以上のものにするもの、それが芸術作品の精神なのである。さまざまな感覚的・感性的契機も、精神によって媒介されることがないならば、芸術的なもの、芸術作品の一部とはなりえない。「すべての芸術は精神によって媒介されているという事実をぬきにしては考えられない」（同上）。「精神化された芸術だけがいまなお可能であって、その他の芸術はことごとく幼児的なものにすぎない」（同上）。精神は現象を形成し、「現象を熱し、さらに深い意味を持つ現象へと変える光源にたとえることができる」（同上）。精神の出現を見ぬかぎり、芸術作品は存在することがない。「精神はより一層容赦することなく芸術作品を限定し、芸術作品におけるたんに感覚的なものにすぎないもの、事実にすぎないものすべてを自己の領域のうちへ引きずりこむ」（同上）。まさに精神は、「芸術の生の構成要素」（Element des Lebens von Kunst）なのである。こうした精神的契機――それは一契機にすぎないかも知れないが――、それが人工的作品を芸術に変えるのである。ここに、「芸術における精神の優位」（同上）がある。

美と醜

「芸術は美の概念につきるものではなく、この概念を充《み》たすために美を否定するものとしての醜を必要としていたということは、今日ではきまり文句になっている」と、アドルノはいう（同上）。したがって、単に美しいだけのものは存在しない。単に醜いだけのものが存在しないと同様に。「美の概念自体は醜を吸収して変化してきたものであり、美学は醜を欠くことはできない。醜を吸収するなかで、美は充分に逞《たくま》しくなり、自らに対抗するものをとおして、自らを拡大する」（『美の理論・補遺』訳）。「それと同じく、醜いものもその機能をとおして、美となることができた」（同上）。「醜はたとえどのようなものであろうと、芸術の契機を形成するかあるいは形成しうるものでなければならない。ヘーゲルの弟子ローゼンクランツの著作には『醜の美学』という表題が与えられているが、この表題はこの間の事情を如実に示している」（同上）。ギリシャ芸術のアルカイック様式やそれに続く伝統芸術、とりわけヘレニズム期の伝統芸術は、醜いとみなされていたものを素材とした描写であふれており、この要素の重みはモダニズムにおいては増大の一途をたどっている、とアドルノはいう。彼によれば、醜を吸収することで美はいっそう美しくなり、醜も美となることができた。美と醜はこのようにダイナミックなものであり、流動的である。したがって美はかくかくであり、醜はこれこれであるというふうに、固定的に定義することはできない（同上）。

芸術とユートピア

「シェイクスピアは『ロメオとジュリエット』によって、門閥を背景とすることがない愛情を宣伝したわけではない。しかし家長の権力やいかなる権力によってももはや切断されたり断罪されることがないような状況への憧憬《どうけい》が、この劇のうちにこめられていなかったなら、相思相愛の二人の愛が数世紀を隔てた今日においてもなお、いささかも色褪《あ》せることなく甘美なものでありつづけるといったことは起こりえなかったであろう。こうした憧憬は言葉もイメージも欠く、ユートピア的なものにほかならない」(同上)。アドルノは、このように、シェイクスピアの『ロメオとジュリエット』のユートピア性を描くのである。

「ユートピアは」、とアドルノは、ユートピアと芸術との関係を以下のように論ずる。ユートピアと感ぜられるものは、現存の現実に対して否定的・批判的でありつづけ、しかもこの現実にかかわり、この現実に耳を傾けるのである。「芸術はユートピアであらねばならず、またそうなることを意図しているが、現実の機能連関によってユートピアとなることを遮られれば遮られるほど、ますます断固としてユートピアたらんと意図する」(同上)。まさに芸術のユートピアは、確実に存在するものと憧憬として存在しないものとを結びつけている。純正な芸術は、現存の社会を超える「別の」社会、つまりユートピアを求める人間の翹《ぎょう》望《ぼう》の最後の拠りどころとして機能するのである。

だが他面、芸術は、現に仮象や慰めにすぎない形象となって、ユートピアを裏切ることになる。そのためには、ユートピアであってはならないということになる。芸術は、ユートピアを意図しながら禁止されているという二律背反におちいるのである。もしユートピアが実現されるようなことがあるなら、それは、芸術の時間的な終末で、芸術はこの世から消え去ることになるであろう。

アドルノによれば、ユートピアは言葉もイメージも欠き、形象化・具象化することはできない。「神の像を描くべからず」という形象禁止の、旧約的・ユダヤ的タブーによって支配されているのである。

芸術と社会との関係

アドルノはいう。主観の解放以前にあっては、芸術は、ある意味において、解放以後におけるよりもより直接的に社会的であった。解放後の芸術の自律性、つまり社会に対しての芸術の独立化は、それ自体もまた社会的構造と結びついて生長した、市民的自由意識の機能によるものであった。「芸術作品における労働は個人を通して社会的に行われるが、そのさい、社会が個人によって意識されることは必要ではない。個人によって社会が意識される度合が少なければ少ないほど、芸術作品における労働は、おそらくそれだけいっそう社会的なものとなるのかもしれない」(『美の理論』訳)。ともかくも芸術は、精神の社会的労働の成果として、もともと社会的事実であったが、それが市民的なものとなるとともに、明確に社会的事実となる。

つまり芸術が社会的であるのは、アドルノによれば、社会的な芸術的創造の方法でもなければ、芸術の素材内容の社会的由来によってでもない。むしろ芸術は、社会に対立することによって社会的となるのであり、しかも芸術が自律的なものとなることによってはじめて、こうした対立的態度をとるようになる。「芸術は現存の社会的規範に従ったり、〈社会的に有用である〉ことを証明する代りに、それ自体が独自のものとして結晶することによって社会を批判する」(同上)。自律的芸術は、こうした非社会的側面、社会の拒否、自らの社会的抵抗力を通してのみ命脈を保つのである(もちろん、芸術作品が商品的性格をおびる現代においては、芸術の自律性は深く脅かされているが)。「芸術が社会に対して行う寄与は社会と意思を疎通させることではなく、……抵抗にほかならない」(同上)。「芸術において社会的であるのは、社会に抵抗する芸術の内在的運動であって、芸術があからさまに表明する立場ではない。芸術作品は物として経験的現実の一部であるが、芸術の歴史的態度はこうした経験的現実を突き放すのである」(同上)。ともかくも、自律的・独自的であると同様に、社会的事実であるという芸術の二重性は、芸術作品のすべての現象面において一目瞭然《りょうぜん》である。それは、あたかもライプニッツのモナドのごとく、自己に閉じこもって無窓であるにもかかわらず、独自な位置から独自の仕方で世界を、社会を模倣し表現する「宇宙の生きた鏡」なのである。無窓であるにもかかわらず、ほんらい社会的である芸術は、自己に深く沈潜すればするほど、社会を映し出すのである。

芸術的生産力の発展には、科学が深く関与している、とアドルノはいう。芸術が科学を通して習得された方法を用いることによって、科学が芸術のうちへ浸透するようになる。しかしそれによって、芸術的創造が科学的なものとなることはない。「どのような科学的発見も芸術的創造のうちへ取り入れられるなら、それ本来の特性を失うことになる。その点については、絵画において光学的な遠近法の法則に変更が加えられ、音楽において自然状態の倍音に変更が加えられているところからも、うかがい知ることができよう。芸術が技術によって脅かされ、自ら科学へ移行することを宣言することによって、自らのささやかな場所を維持しようとつとめるなら、それは経験的現実において科学が持つ、相対的な価値を誤解するものにほかならない。他方、非合理主義が好んでそうしているように、美的原理を神聖化し、科学に反対するための切札として用いるといったこともまたなすべきではない。芸術は科学のための、非拘束的で文化的な補完物ではなく、科学に対して批判的であって、緊張した関係を持つのである（同上）。

「ベートーヴェンの音楽は、市民階級の弁護を先取りするものであり、それと同様に市民階級の革命的な解放過程の一部でもある」（同上）。彼の交響楽には、フランス革命のこだまが鳴り響いている（『美の理論・補遺』訳）。

「しかし芸術は実践以上のものでもある。それは芸術が実践に背を向けることを通して、同時に実践的なものが持つ愚かしい虚偽を告発することによる。……芸術作品は非暴力の側に立つ。芸術作品は実践的営みと実践的人間の総体に対する警告、つまり野蛮な欲望によって支配され、支配と癒着している限りいまだ人間と呼ぶにはほど遠い人類の野蛮な欲望をその背後に隠し持つ、実践的営みと実践的人間の総体に対する警告、にほかならない。芸術対実践という弁証法的関係は、芸術の社会的影響という弁証法的関係と言い換えてもよい」（同上）。

自律的であってしかも社会現象であるという芸術の二重性ないし両面は、社会的現実に対して、両面をおびることになる。モナドである芸術は、窓をもたぬにもかかわらず、世界を、社会を表現し、それを模倣し、それに影響を及ぼす生きた鏡であった。「芸術にとって本質的な社会関係は、芸術作品のうちに社会が内在していることであって、社会のうちに芸術が内在していることではない」（同上）。「芸術は自らの他者を内在的なものとして自己のうちに含んでいるが、それは内在的なものそれ自体が主観と等しく社会的に媒介されているためにほかならない。芸術は、潜在的なものである自己の社会的内容を語らなければならない」（同上）。

最後に、アドルノは、テロを拒否する芸術が平和の理念に近いことに言及し、平和への展望を欠くなら芸術は虚偽になるとして、次のようにいう。平和的なものとなっていない今日にあっては、過去の芸術は、平和を欠く今日の社会のイデオロギー的補完物にすぎないものとなっている。世が平和になるなら、思いがけなく過去の芸術も、また受け入れられることもありうる。しかしそのような場合、過去にならって、新しく誕生してくる芸術が平穏と秩序、現状肯定的な模写と調和とを旨とする芸術へ逆戻りするなら、それは自らの自由を犠牲にすることにほかならない。過去や現在の芸術とは異なった第三の芸術ともいうべき、変革された社会の芸術も、もしそれが、芸術によって表現され、表現形式の実質となる苦悩を忘れるものであるなら、芸術一般が消滅してしまうことの方が望ましいであろう。芸術が、蓄積された苦悩の記憶をふり捨てるなら、歴史記述としての芸術とは果たして何であろうか（同上）。

アドルノ哲学の培養源と個性

ユダヤ的伝統

アドルノは、父親のユダヤ教派になじまず、むしろ母親のカトリックを信奉したこともあった。が、それも一時の気まぐれであって、当時の多くの左翼人同様、無宗教者として、いずれの宗教・宗派ともかかわりをもたなかった。そのかれが、現実にとってかわるべきユートピアへのあこがれをいだきつつ、そのユートピア像の明確化を拒否するのである。その根拠が、なんのことはない——「汝、神の像を描くべからず」という、ユダヤの伝統にあったのである。はからずもこのユダヤ的伝統が、根本的なところで顔を出してくるのである。「アウシュヴィッツのあとで詩など書くことは野蛮である」という有名な主張（『プリズム』）をはじめ、アウシュヴィッツのもつ意味や苦悩がたびたび表現される。が、彼は、アウシュヴィッツの惨状が明るみに出るにつれて、偶然助かりはしたものの当然殺されていたはずであったという自己のユダヤ的素性を、いやでも認識させられたのであった。

批判や否定や告発には、その拠りどころ、その法廷が隠されているのではなかろうか、それがなければ批判や告発はできないはずではなかろうか、こういう疑いが当然起こってくるであろう。こうした究極の拠りどころないし法廷を、ひとは、従来、絶対普遍なるものとか、永遠なものとか、無限者とか、あるいは神と呼んできたといえよう。しかしアドルノにとっては、神は存在するか、神の本質は何であるかとの問いに対し、肯定的に答えるわけにはいかない。問いに対し、彼は、こう答えるであろう。神は存在する、神は絶対的に正しい、神は最高の善であるなど、絶対の正とか、究極の善とか、さらに神というコトバそのものを、ポジティブ（肯定的）に形式化することはできない、と。けだし、それらを肯定的に形式化すれば、それは、すでにそうでない有限なもの、相対的なものに堕しているからである。そして、すでに神でないものについて、正とか善とかの名をつけていることになるわけである。

アドルノは、現実的なもののいっさいの固定化・実体化・永続化を、神そのものの実体化・限定化を、批判し否定し告発する。しかし、このことを通して、彼は、あるものへのあこがれをのぞかせる。それは、まさに、永遠とか、善とか、正とかの肯定的なコトバによって表現することのできない「他者（das andere）」といえようか。

世界の相対性、有限性、虚偽、歪みを分析し、記述し、批判することによって、他者はあこがれとして考えられるのみである。自由な否定的批判的思索を通して、他者は、希望される。逆にいうならば、このような、肯定的に記述することのできない他者が、現実の全体を批判し、否定する力となるわけである。現実の闇を照らす光であり、希望のない現実に希望を投げかけるユートピアであり、いわば救いのない現実に救いをよびかける神でもあるわけである。だが光の内容、ユートピアのヴィジョン、神の像、……を、肯定的・プログラム的に、記述・構成することはできないし、許されない。

音楽的・芸術的センス

祖母・母・叔母が音楽家であるという、まさに音楽一家の環境のなかに生まれ育ったアドルノは、幼いころから、音楽的な教育をうけ、音楽的な教養を身につけていった。幼少からオペラにも親しんだ。後ほど知りあいになり、親しくつきあうことになったトーマス＝マンが、この注目すべき頭脳は、哲学と音楽とのいずれを職業として選ぶかの決断を、生涯、拒否しつづけたというごとく、かれの哲学には、この音楽的な天分や環境や体験にもとづく芸術的センスが、強く影をおとしている。アドルノ自身のゆるがぬ確信は、自分が二つの異なった領域において、もともと同一のものを追求している、ということであった。彼は文字どおり、哲学者であると同時に作曲家であり、演奏家であったが、それを色づけたものは、作曲とピアノを習ったアルバン＝ベルクをとおして近づくことになった、ウィーンの革新的シェーンベルク派の表現主義的無調性であった。彼の哲学が、体系化・一般化・固定化をこばみ、個別的・特殊的・極微的なものに心を配る要約しがたいものであること、非妥協的な意識の哲学であり、管理された全体を虚偽とする非体系的・箴言《しんげん》的な無調の哲学であることは、まさに彼の、そして彼流の音楽的・芸術的センスにもとづくといえよう。彼の哲学がもつ難解さも、このセンスにもとづいて自己をつらぬき通そうとする姿勢——まさに表現主義的——によるであろう。

まさしく、哲学と音楽的芸術との間に立つのが彼の哲学であり、彼の音楽であるといえよう。概念的・理性的な哲学と、直観的・感覚的な芸術との間におけるものとして、彼の哲学は芸術的哲学であり、彼の音楽論は、哲学的音楽論である。

エリート主義

裕福な家庭の出身であるアドルノは、また、音楽をはじめとするあらゆる面において秀才であった。こうした事情は、とかくひとを孤高孤独にしがちなものである。ともかくもアドルノは、大衆のなかにとけこむことはなかった。大衆文化に対する心底からの嫌悪は、アメリカ文化から彼を疎外し、アメリカでの生活をなじめぬものにしたのであった。せっかちな行動主義に対する反感、そうじて政治的な実践の拒否も、彼の孤高的なエリート主義と無縁ではなかろう。また、全体は不真実であるとして、社会、とくにゲマインシャフト的な社会に対しても、親近を示しはしなかった。もちろんそれには、ユダヤ的家系が関連しているかもしれない。かつて筆者（小牧）が、アドルノ教授に師事していることを、さるドイツ知識人につげたとき、「彼は

老いてなお音楽にいそしむアドルノ
(1967)

本来的なドイツ人ではない」という答えがかえってきたのであった。アウシュヴィッツをはじめとする諸事件は、アドルノをして、ナチズムやドイツ社会の非道を、体感させざるをえなかったであろう。それがまた、現代文明を啓蒙的理性の道具化・神話化・野蛮化とみなす『啓蒙の弁証法』を生みだす契機にもなっているであろう。彼がユートピア的希望にふれるにしても、まさにユートピア的なそれの底には、大衆的現実に対する絶望的ペシミズムが渦まいているのである。

もちろん、全体性に対する彼の峻拒《しゅんきょ》には、失われた個ないし特殊を回復しようとする熱意がたぎっていたともいえよう。それはまた、大衆の雑踏のなかへ埋没してはならないエリート的個性へのあこがれでもあったであろう。

彼は、自己の思想がドイツ語でしか表現しえないとする、いわばドイツ的エリート主義であった。が、その難解さに対しても、その哲学的内容を見のがしたり軽視したりしないために、あえて難解にすることを自認するのである。そこにも、また、文化的エリート主義が顔をのぞかせるのである。

批判的・否定的弁証法

ルカーチは、革命的プログラムを欠いたアドルノの、非現実性を非難するのであった。が、そうじてこの西欧マルクス主義者たちは、「おのれの理論をプロレタリアートや他の急進的な社会勢力の政策とうまく連結させるような手だてを知らぬ、妥協する気のない頑固な知識人であった」（ジェイ著、木田・村岡訳『アドルノ』）。アドルノは（ホルクハイマーもまた）いかなる党派、学生やプロレタリアートのそれにも属さず、いっさいの妥協や協力をも拒否し、現実批判に徹した。したがって、現実の社会主義体制、わけてもスターリン体制を理想視したり、それを夢の現実と見たりするようなことはなかった。ここにも彼の頑固な孤立性があった。

アドルノはマルクス主義において、哲学がつとにそうであったように、「批判としての哲学、拡大しつつある他律への抵抗としての哲学」（『いまなお哲学することの目的はなにか』）をみていた。したがってマルクス主義者としても、彼には、ルカーチのごとく、意識が問題であり、上部構造が問題であったのである。

ヘーゲル主義的マルクス主義への傾倒は、当然のことながら理性・精神の哲学、弁証法の哲学であるヘーゲルへの並々ならぬ沈潜でもある。長らく暖められたヘーゲル研究、大学での何年もの「ヘーゲル」ゼミの仕事にもとづいて、『ヘーゲル三論』や『否定弁証法』が結実するのである（『三つのヘーゲル研究』序言）。

が、アドルノは、ヘーゲルに対しても批判を向ける。というのは、ヘーゲルにおける「一般者」「普遍者」などは、アドルノにとってはまったく無意義なものとなるからである。アドルノにとって、全体、たとえば社会は、特殊的なものを、相互にかかわりあう個人を、社会的労働とか、政治的支配とか、法的規定とかの一般的・普遍的な枠（カテゴリー）によって規制し、強制する。そして、そのような一般的・普遍的・全体的なものが、真理であるかのごとき相をとる。ヘーゲルは、このような全体、このような社会、とりわけこのような国家を、強制の関連であるとは考えなかった。が、アドルノは、一般的・普遍的な原理のもとへ、個別的・特殊的なものを隷属させ、個別的・特殊的なものを犠牲にすることに対し、するどい批判を向ける。彼にとっては、全体は、個別的なもののゆたかさを無視するという意味において、不真実であった。全体（社会、国家など）は、個別的・個人的なものによって、たえず批判され、否定されなくてはならない。全体の虚偽を告発し、批判し、否定していくものが、アドルノによれば、弁証法的な思索であるわけである。このような徹底的な反普遍主義は、あの三〇年代、一般化・普遍化の犠牲となった小さきもの、個別的なもの、個人的なもの、その都度の特殊的なものへの配慮に由来するのである。このような、全体に対する批判的否定、あるいは主体・客体の相互媒介性、相互否定性としてヘーゲル弁証法を生かそうとする「否定の弁証法」、かかるものとして弁証法は意味をもつのである。

こうして、アドルノによって、一般化・固定化され、真実らしくまた神聖らしくみせかけられる現実の世界が批判される。そしてこういう世界のための道具ないし手段と堕した理性が、きびしく告発される。現実のなにかを、肯定的（positiv）に固定化し、客観化し、実体化することが否定される。まして、永遠化ないし絶対化が拒否されるのはいうまでもない。アドルノによれば、動的な個別的特殊的なものは、たえず自己を、自己の形成した客観ないし全体を否定していく弁証法的なものなのである。このような思索が、彼の非体系性、流動性、微分性、つきることのない個別性……の由来するところであったといえよう。そこでは、ヘーゲルの全体的体系性とともに、始源としての形而上学的存在（ザイン）が、批判され、否定されるのは、いうまでもない。ハイデガーの非弁証法的な始源的存在（ザイン）が、ヘーゲル以上のきびしさをもって告発されるのも、以上のような、批判的否定的弁証法にもとづく当然の道なのである。

批判のエネルギーとしての哲学という見地から、アドルノは、またニーチェにひきつけられていった。もちろん、マルクス主義者としてのアドルノには、ニーチェは、気にそわぬ点がないわけではなかった。大衆文化や大衆政治に対して、また伝統的形而上学に対しての仮借なき批判、さらには現代の道具的理性あるいは理性そのものへ全面的な批判と否定――そのようなニーチェは、アドルノにとって、ファシズムの危険な先駆者という多くのマルクス主義的解釈ないし非難とは逆に、ひきつけてやまぬ魅力であり、源泉であった。

フロイトとM＝ヴェーバー

不成立に終わったものの、アドルノが最初に試みた教授資格請求論文は、「超越論的心理学における無意識の概念」であった。すでに友人のホルクハイマーは、フロイトの精神分析に関心を示していたが、アドルノもまた、固定した制度とか思考様式などの分析に、フロイトの心理学をとりいれた。とくに、反主知主義、反権威主義、性の解放などのフロイト思想から、強い影響をうけた。フロイトと、フランクフルト派の社会研究との媒介をしたのは、フロムであった。が、フロイトの問題を社会的に考察しようとしたフロムに比し、アドルノは、きびしい体制批判という面から、フロイト理論を展開したといえよう（フロムは、やがて、フランクフルト派からはなれていく）。

ところで、ホルクハイマーも、アドルノも、哲学の教授であるとともに社会学の教授であった。日本ではむしろ社会学者として知られていたようである。晩年、アドルノは、ドイツ社会学界の会長に推されもした。しかし、哲学の教授であるとともに社会学の教授であるというところに、ここフランクフルト大学の哲学の特色があるともいえよう。社会研究所は、まさに、哲学的社会学ないし社会学的哲学の研究所であるわけである。この点から、アドルノが、上述のカント、ヘーゲル、マルクス、フロイトなどによって培われたほか、M＝ヴェーバーから影響されたことも、見のがせないであろう。講義では、ヴェーバーの「経済と社会」に関するゼミナールも行われた。

あとがき

「要約不可能」といわれるアドルノの「人と思想」の要約にあえて挑戦してみたものの、その思想の難解のため、とりわけ浅学非才のわたしには、文字どおり悪戦苦闘の日々であった。かつて一九六二年から六三年にかけての約一年二か月、マイン河畔のフランクフルトで暮らすことになったわたしは、その地の大学（フランクフルト大学）でアドルノの講義を聞き、ゼミに列席——といっても後方で眺めているだけ——することになった。が、とにかく難しかった、というよりは分からなかった。わたしの聴取力をもってしては当然のことではあるが。授業が終わったあと、親日家の学友M＝プダー君がしてくれた解説——ゆっくりしたドイツ語での懇切ていねいな解説——によって、辛うじて輪郭を察したのであった。しかし、市の教育課に勤めて音楽を専攻しているさる彼女も、アドルノの著の難解をこぼしていた。フランクフルトを去って日本に帰るとき、社会研究所にアドルノを訪ね、別れの挨拶《あいさつ》をして、「日本に帰ったら先生の思想を紹介したいと思います」とはいったものの、この書のような出来ばえの紹介では、中央墓地のアドルノは、さぞにがりきっていることであろう。霊におわびするしだいである。

掲載した写真は、大部分、H＝シャイブレ（Hartmut Scheible）の“Theodor W. Adorno”（Rowohlt 双書の一冊）およびW＝ライエン（W. van Reijen）、G＝ノエル（G. Schmid Noerr）編の“GRAND HOTEL ABGRUND”（JUNIUS）に拠ったことをことわっておく。

なお、引用は主として、というよりほとんど邦訳によった。日本の研究者に、アドルノに近づいてもらいたいためである。邦訳と異なっているところは、原文にもとづいて修正したものである。

フランクフルト学派の研究を目ざしてフランクフルト大学に留学した若い世代の日山紀彦・村上隆夫の両君からは、いろいろと教示や援助をうけた。また、清水書院の村山公章さんからは、専門家として校正を助けてもらった。これらの人に対し、ここにお礼を申しあげるしだいである。

一九九六年一一月

アドルノ年譜

西暦	年齢	年譜	参考事項
一八九五年			ホルクハイマー生まれる。
一九〇三		九月一一日、フランクフルトで、ユダヤ系ドイツ人の福裕なワイン商人のひとり息子として生まれる。母は歌手。叔母はピアニスト。	
一四	11		フランクフルト大学（ゲーテ大学）設立。第一次世界大戦勃発。
一八	15	クラカウアーの指導のもとで、カントの『純粋理性批判』を読みはじめる。	ドイツ十一月革命。第一次世界大戦終結。
二一	18	フランクフルトのカイザー・ヴィルヘルム・ギムナジウムを卒業。フランクフルト大学に入学（哲学・社会学・心理学・音楽の課程を修得）。	
二二	19	コルネリウスのフッサールに関するゼミで、ホルクハイマーと出会う。生涯にわたる友情のめばえ。	
二三	20	ベンヤミンと出会う。	

二四	21	「フッサールの現象学における事物的・ノエマ的なるものの超越」で学位取得。	社会研究所創立。ルカーチ『歴史と階級意識』。社会研究所開所。グリュンベルク、所長としてウィーンから着任。
二五	22	アルベン＝ベルクの新オペラ「ヴォツェック」にひかれ、ベルクの弟子たらんことを切望。ウィーンに行き、シェーンベルク下の革新的作曲家サークルに入会。ベルクに作曲を習う。『アンブルッフ』その他に寄稿。エドゥアルト＝シュトイアマンにピアノを習う。	
二七	24	社会研究所に接触。	ハイデガー『存在と時間』。
二八	25	ウィーン前衛音楽雑誌『アンブルッフ』（夜明け）の編集（〜三〇）。	グリュンベルク卒中でたおれる。ベンヤミン『ドイツ悲劇の根源』。
三〇	27		ホルクハイマー正教授となり、社会研究所所長となる。
三一	28	パウル＝ティリヒのもとで、『キルケゴール――美的なものの構成』により、教授資格取得。	

三二	29	私講師となる。	『社会研究誌』創刊。ヘルベルト・マルクーゼ研究所加入。
三三	30	イギリスのオックスフォードへ亡命。教授資格を取り消される。「音楽の社会的状況」を『社会研究誌』創刊号に寄稿。『キルケゴール』論出版。社会研究所閉鎖。	ヒトラー内閣成立。研究所、ジュネーヴへ移転。研究誌、パリで発行。
三四	31		ヒトラー、総統となる。ホルクハイマー、アメリカへ亡命。
三七	34	九月八日、グレーテル＝カルプルスと結婚。	ホルクハイマー「伝統的理論と批判理論」。
三八	35	ホルクハイマーに招かれ、二月、ニューヨークへ。放送企画の研究にたずさわる。社会研究所に専任所員として参加。	
三九	36		第二次世界大戦はじまる。
四〇	37		九月、ベンヤミン、アメリカへ向かう途中、フランス・スペイン国境で自殺する。

四一	38	秋、南カリフォルニアへ移り、ホルクハイマーとポロックに合流。 ホルクハイマーと、『啓蒙の弁証法』の共同労作にあたる。	『社会研究誌』最終号、ニューヨークで発行。
四五	42		ドイツ軍、無条件降伏。日本、無条件降伏。 第二次世界大戦終結。 国際連合成立。
四七	44	『啓蒙の弁証法』（ホルクハイマーと共著）。	ホルクハイマー『理性の腐蝕』。
四九	46	秋、ホルクハイマー、ポロックとともにドイツへ帰還。 フランクフルト市民の熱狂的歓迎を受ける。 フランクフルト大学の哲学・音楽・社会学員外教授として復職（のち、正教授に任命）。 『新音楽の哲学』。	ホルクハイマー、フランクフルト大学、正教授へ復職。
五〇	47	研究所の副所長としてホルクハイマーを助ける。 『権威主義的パーソナリティ』（共同研究）。	「社会研究所」再建（ホルクハイマー、所長）。
五一	48	『ミニマ・モラリア――傷ついた生活裡の省察』。	ホルクハイマー、学長就任（二年間）。
五二	49	『ワーグナー試論』。	

五五	52	ロサンゼルスにもどり、一年間、ハッカー財団のため大衆文化の社会心理学的分析に従事。 『プリズム——文化批判と社会』。 グレーテル夫人と協力してベンヤミン著作集刊行。	
五六	53	社会研究所長（ホルクハイマーと共同所長）。 『不協和音——管理社会における音楽』。 『認識論のメタクリティーク』。	
五七	54	「ヘーゲル哲学の視点」。 『文学ノートI』。	
五九	56		ホルクハイマー定年退官。
六〇	57	『マーラー——ひとつの音楽的人相学』。	
一	58	『文学ノートII』。	（ソ連）人間衛星船の打ち上げ。
六二	59	『音楽社会学序説』。 『ゾチオロギカ』（ホルクハイマーと共著）。	
六三	60	『三つのヘーゲル研究』。 『批判的モデル集I——介入』。 ドイツ社会学会会長（〜六七年）。	ケネディ暗殺さる。

六四	61	『楽興の時』。『本来性という隠語――ドイツイデオロギーについて』。	
六五	62	「文学ノートⅢ』。	アメリカ、ヴェトナム戦争に本格的軍事介入（北爆）。
六六	63	『否定弁証法』。	
六八	65	『アルバン・ベルク――極微なる移行の巨匠』。	六八年から六九年にかけ、仏・西独・日本・アメリカなど世界各地で学園紛争おこる。西独、非常事態法。ソ連・東欧軍、チェコに侵入。キング牧師暗殺さる。
六九		『批判的モデル集II――見出し語』。四月、戦闘的な学生活動家のグループ、アドルノの講壇をおそう。スイス（ブリーク）で休暇静養中、心筋梗塞のため病院で死去（八月六日）（六五歳）。『美の理論』（遺作）。	アポロ一一号、人類初の月着地。
九三			妻、グレーテル死去（九一歳）。

参考文献

A　アドルノの著作の翻訳

『キルケゴール――美的なものの構成』三浦・伊藤訳　イザラ書房

『啓蒙の弁証法』徳永恂訳　岩波書店

『新音楽の哲学』渡辺健訳　音楽之友社

『権威主義的パーソナリティ』田中・矢沢・小林訳　青木書店

『ミニマ・モラリア――傷ついた生活裡の省察』三光長治訳　法政大学出版局

『プリズム――文化批判と社会』竹内・山村・板倉訳　法政大学出版局

『プリズメン――文化批判と社会』渡辺・三原訳　筑摩書房

『不協和音――管理社会における音楽』三光・高辻訳　音楽之友社

『認識論のメタクリティーク』古賀・細見訳　法政大学出版局

『文学ノート』三光・菅谷・船戸・片岡訳　イザラ書房

『マーラー――音楽的観相学の試み』竹内・橋本訳　法政大学出版局

『音楽社会学序説』渡辺・高辻訳　音楽之友社

『ゾチオロギカ――社会学の弁証法』三光・市村訳　イザラ書房

『三つのヘーゲル研究』渡辺祐邦訳　河出書房新社

『批判的モデル集I――介入』大久保健治訳　法政大学出版局

『楽興の時』三光・川村訳　白水社

『本来性という隠語――ドイツイデオロギーについて』笠原賢介訳　未来社

『アルバン・ベルク――極微なる移行の巨匠』平野嘉彦訳　法政大学出版局

『批判的モデル集II――見出し語』大久保健治訳　法政

大学出版局
『社会科学の論理——ドイツ社会学における実証主義論争』城塚・浜井訳　河出書房新社
『ヴァルター・ベンヤミン』大久保健治訳　河出書房新社
『アドルノ＝クシェネク往復書簡』深田甫訳　みすず書房
『美の理論』大久保健治訳　河出書房新社
『美の理論・補遺』大久保健治訳　河出書房新社
『否定弁証法』木田・徳永・渡辺・三島・須田・宮武訳　作品社

B　アドルノを理解するための参考文献

『フランクフルト学派』A＝シュミット著、生松敬三訳　青土社
『弁証法的想像力』M＝ジェイ著、荒川幾男訳　みすず書房
『アドルノ』M＝ジェイ著、木田・村岡訳　岩波書店
『アドルノのテルミノロギー』三光長治著　法政大学出版局
『アドルノ——非同一性の哲学』細見和之著　講談社
『アドルノとその周辺』小牧治著　御茶の水書房
『現代思想』一九八七年一一月号、特集＝アドルノ　青土社
Hartmut Scheible; "THeodor W. Adorno" Rowohlt

なお、アドルノの独文全集（Theodor W. Adorno, Gesammelte Schriften）二〇巻が、ズールカンプ社（Suhrkamp）から出版されている。

さくいん

【書　名】

【人　名】

【地　名】

【事　項】

アドルノ■人と思想148　　定価はカバーに表示

1997年10月17日　第1刷発行©
2016年3月25日　新装版第1刷発行©

・著　者 ……………………………… 小牧《こまき》　治《おさむ》
・発行者 ……………………………… 渡部　哲治
・印刷所 ……………………………… 広研印刷株式会社
・発行所 ……………………………… 株式会社　清水書院

〒102-0072　東京都千代田区飯田橋3-11-6
Tel・03(5213)7151～7
振替口座・00130-3-5283
http://www.shimizushoin.co.jp

検印省略
落丁本・乱丁本は
おとりかえします。

CenturyBooks

Printed in Japan
ISBN978-4-389-42148-9

Century Books

清水書院の〝センチュリーブックス〟発刊のことば

近年の科学技術の発達は、まことに目覚ましいものがあります。月世界への旅行も、近い将来のこととして、夢ではなくなりました。しかし、一方、人間性は疎外され、文化も、商品化されようとしていることも、否定できません。

いま、人間性の回復をはかり、先人の遺した偉大な文化を継承して、高貴な精神の城を守り、明日への創造に資することは、今世紀に生きる私たちの、重大な責務であると信じます。

私たちがここに、「センチュリーブックス」を刊行いたしますのは、人間形成期にある学生・生徒の諸君、職場にある若い世代に精神の糧を提供し、この責任の一端を果たしたいためであります。

ここに読者諸氏の豊かな人間性を讃えつつご愛読を願います。

一九六七年

清水梼山

SHIMIZU SHOIN